KB119964

돈과 운을 불러들이는
한 줄 독서 혁명의 기적

부자의 뇌를 훔치는
코어리딩

박상배 지음

위즈덤하우스

코어리딩,
부와 운을 끌어당기는 최강의 전략

2013년 10월《인생의 차이를 만드는 독서법 본깨적》이 출간된 지 10년이 되었고, 많은 이들의 성원 덕분에 30쇄를 찍었다. 이 책이 초판 1~2쇄로 끝나지 않고 오랜 기간 살아남은 이유는 무엇일까? '본깨적'은 핵심을 제대로 보고본 것, 그것을 나의 언어로 확대 재생산하여 깨닫고깨달은 것, 내 삶에 적용하는적용할 것 것을 기본 개념으로 한다. 책을 읽었는데도 여전히 삶에 아무 변화가 없다면 책을 제대로 읽지 못했거나, 읽는 것으로만 끝냈기 때문이다. 이러한 독서의 맹점을 해결하고자 나는 본깨적을 강조했다.

책이 꾸준히 팔린 것을 보면 '제대로 책 읽는 법'에 대한 니즈가 많았던 모양이다. 많은 독자들이《인생의 차이를 만드는 독서법 본깨적》의 도움을 받았다는 피드백을 주었다. 하지만 첫 책인지라 미처 담지 못한 내용들이 있었고 내내 아쉬움으로 남았다. 책 읽는 습관을 들이기 어려운 이들에게 도움이 될 방법은 없을까? 바쁜 직장인들이 빠른 시간 안에 책을 읽고 필요한 핵심 내용만 찾도록 도움을 줄 수는 없을까? 책을 읽는 능력이 인생을 사는 능력으로 연결되는 포인트를 찾을 수는 없을까? 이처럼 부족하다고 느꼈던 문제들을 고민한 끝에 '코어리딩'이라는 방법을 찾아냈다.

2007년 개인적 파산의 아픔을 겪은 이후 나에게 책 읽기는 인생 전환의 계기가 되었다. 만일 책 읽기를 통해 길을 찾지 않았다면 분명 오늘의 나는 전혀 다른 삶을 살고 있었을 것이다. 당시 나는 스스로에게 이런 질문을 던지곤 했다. '이렇게 힘겨운 상황에서 책이 대체 내게 어떤 의미인가?' 질문에 대한 답을 생각해보니 책이야말로 힘겨운 삶을 버티던 내게 힘을 주는 에너지원이었다. 책은 내게 어둠 속에서 반짝이는 작은 반딧불이 되어주었다.

책을 읽는다는 것은 단순히 글자, 즉 텍스트를 읽는다는 의미 이상이다. 그 안에 담긴 다양한 메시지와 철학을 만난다는 의미이며 인생을 바꿀 전혀 새로운 세상이 열린다는 의미이기도 하다. 당시 책은 내면에 자리한 불안한 나를 마주하게 해주는 통로와도 같다. 예기치 못한 경제 위기를 맞은 채 2023년을 사는 많은 이들이 예전의 나처럼 벼랑 끝에 서 있는 것 같아 가슴이 답답하다.

코로나와 우크라이나-러시아 전쟁으로 촉발된 저금리 유동성이 지금 엄청난 후폭풍을 일으키고 있다. 급상승했던 아파트 가격이 역대 가장 빠른 속도로 급락을 맞았다. 다양한 미디어들이 쏟아내는 무분별한 정보와 뉴스도 그 원인 중 하나라고 생각한다. 자신만의 지식과 명확한 기준 없이 여기저기서 들려오는 전문가들의 이야기에 휩쓸려 추종하는 경향이 강해졌다. 그러다 보니 부화뇌동하며 잘못된 선택을 하고 그 결과로 고통을 받는 이들도 많다.

다양한 미디어들이 생겨나고 있으며 검증되지 않은 이들이 너나 할 것 없이 스피커 역할을 자처한다. 대중심리, 다른 말로 군중심리에 길들여지기 쉬운 환경이다. 이런 때일수록 진실과 거짓, 옳고 그름, 가치 있는 것과 없는 것을 판별할 수 있는 나만의 중심과 안목이 있어야 한다. 스스로 세상을 읽는 기준을 마련하지 못한다면 세상의 풍파와 거짓된 흐름에 이리저리 이끌릴 수밖에 없다.

누군가는 위기 속에서도 기회를 찾는다. 하지만 그런 이들은 늘 소수다. 그렇다면 잘못된 길을 가는 다수에게는 어떤 문제가 있는 걸까? 결국 본질을 읽는 능력, 문제의 핵심을 읽는 능력이 있느냐 없느냐의 차이다. 다양한 정보 속에서 정말 필요한 것을 찾는 능력, 혼란의 와중에도 피상이 아닌 본질을 꿰뚫는 능력 말이다. 이럴 때 필요한 것이 바로 본질을 읽는 힘, 코어리딩 능력이다.

늘 바쁘게 살아가야 하는 직장인, 텍스트보다 영상이 익숙해져버린 MZ세대, 코로나 이후 버블 후유증으로 힘들어하는 장년층, 그리고 은퇴 준비가 되어 있지 않아 미래가 불확실한 베이비부머세대까지 지금 우리 모두에게는 코어리딩이 절실하다. 적은 시간을 들여 핵심을 읽고 문제를 해결하는 코어리딩이 다가올 퍼펙트 스톰을 이겨내고 생존을 넘어 멋진 성공으로 나아가는 데 조금이라도 도움이 되었으면 하는 마음이다. 길을 잃고 헤매는 와중에도 가야 할 목적지를 명확히 알고 올바른 길을 찾아낼 힘이 있다면, 쓰러지지 않고 앞으로 나아갈 수 있다. 이 책을 통해 코어리딩을 제대로 배운다면 일, 돈, 건강에서 원하는 것을 성취할 수 있을 것이며, 미래를 읽는 능력까지 발견할 수 있을 것이다.

Chapter 3

투자의 금맥을 발견하는 코어리딩

Chapter 4

안전하게 준비된 미래를 위한 코어리딩

1% 사람들만

알고 있는 성공 무기,

코어리딩

현대인은 왜 읽는 법부터
제대로 알아야 할까?

"현재는 순식간에 지나가므로 과거나 미래와 연결 짓지 않고는 아무 생각도 할 수가 없다." 영국 시인 새뮤얼 존슨Samuel Johnson의 이야기다. 찰나의 순간들이 모여 시간을 이루고 그 연결된 시간들이 바로 우리의 삶이 된다. 따라서 현재는 언제나 과거에서 비롯되고, 미래 역시 과거 그리고 현재가 연결되어 형성된다. 마치 점과 점이 연결되어 선을 이루는 것처럼 말이다.

점과 점을 연결하면 결국 선이 된다는 것을 우리는 이미 알고 있다. 하지만 어떤 점들을 어떻게 연결해야 유의미한 선이 될지를 아는 사람은 많지 않다. 그 연결 방법을 아는 것은 매우 중요하다. 이처럼 핵심을 파악하고 맥락을 연결지어 이해하기 위해서는 읽는 법부터 제대로 알아야 한다. 책이든, 영상이든, 인생이든 그 무엇이든 간에 말이다.

점들을 연결해 유의미한 선을 만들어야 한다

1년은 365일이 모여 만들어진다. 그 하루하루가 모여 우리 삶을 이루는데, 그 순간들을 얼마나 의미 있게 만드느냐에 따라 인생은 전혀 달라진다. 의미 있는 점순간들을 연결해 자기 삶에서 놀라운 성취를 이루어내는 사람이 있는가 하면, 점을 잘못 연결해 그저 그런 삶을 사는 사람도 있다.

중요하고 의미 있는 점들을 잘 연결해 더 나은 삶을 살기 위해 필요한 것이 바로 독서다. 무턱대고 읽기만 하는 독서가 아니라 핵심을 빠르게 찾아내어 내 삶에 적용하는 독서. 아무리 많은 책을 읽어도 핵심을 제대로 파악하지 못한다면 결국 그 독서는 아무런 도움도 되지 않는 시간 낭비일 뿐이다. 반면 제대로 된 독서는 다르다. 우리를 제대로 된 목적지에 빠르고 정확하게 도착할 수 있도록 이끌어준다.

독서의 중요성은 여기 머물지 않는다. 실존주의 문학의 선구자인 프란츠 카프카Franz Kafka는 이렇게 말했다. "책은 우리 내면의 얼어붙은 바다를 깨뜨리는 도끼다." 독서에는 다양한 방법론이 있지만 이와 별개로 독서가 갖는 참된 의미가 바로 여기에 있다. 구태에 빠져 늘 생각하던 대로 생각하고 늘 행동하던 대로 행동하는 우리의 내면을 깨뜨리는 것. 이는 잔잔한 수면에 돌을 던져 새로운 파장을 일으키는 것과 같다. 이것이 바로 한 권의 책이 인생을 바꾸기도 하고 한 줄의 글이 삶의 새로운 가치를 깨닫게도 하는 이유다.

교육열은 최상, 독서량은 최하

독서의 중요성을 모두가 인정하면서도 우리나라 성인들 대부분이 책 읽기를 멀리하는 것이 현실이다. 2022년 문화체육관광부가 발표한 '2021년 국민독서실태조사'에 따르면 최근 1년간 한국 성인의 평균 독서량은 4.5권이다. 2019년 7.5권에 비해 절반 가까이 수치가 감소했다. 이뿐 아니다. 2019년 유엔UN이 조사한 것에 따르면 성인 독서량 순위에서 우리나라는 192개국 중 166위였다. 몇 년 전 자료이긴 하지만 전 세계적으로 독서량이 하위권에 머물고 있다는 것만은 분명하다.

그뿐 아니다. 한동안 우리나라 사람들의 실질문맹률이 높은 수준이라는 보도가 많았다. 물론 최근 들어 이는 오래전 자료의 왜곡된 인용 보도라는 기사들이 나오며 정정되기는 했다. 그럼에도 높은 교육열로 인해 대학 진학률이 무려 70퍼센트에 달하는 나라의 독서량 순위가 전 세계에서 하위권이라는 점은 많은 것을 시사한다.

독서량이 적은 것도 문제지만 더 중요한 문제는 올바르게 독서하는 방법을 모르는 이들이 많다는 점이다. 아이들은 어릴 때부터 입시를 위한 학원에 다니느라 책 읽을 시간이 없다. 직장인들 역시 하루하루 일상에 허덕이느라 책을 멀리한 지 오래다. 게다가 게임, 유튜브, OTT 서비스 등 우리의 관심과 시간을 빼앗아가는 것들이 너무도 많다. 어느새 사람들은 책 대신 스마트폰을 손에 쥐고, SNS로 지식과 정보를 얻으며, 활자 대신 이미지와 영상에 탐닉한다.

사실 책을 읽기 위해서는 기본적인 수준의 어휘력과 문해력이 필요하다. 행간의 의미까지 파악하고 핵심을 읽어내기 위해서는 뇌를 많이 사용해야만 한다. 텍스트를 읽고 제대로 해독하기 위해서는 스스로 사고하는 훈련이 선행되어야 한다는 뜻이다. 이처럼 독서가 상당히 능동적인 노력이 들어가는 일인 반면 영상은 매우 수동적으로 수용하는 콘텐츠다. 보이는 대로 받아들이면 되므로 당연히 사고하는 노력을 훨씬 덜 필요로 한다. 이런 이유로 영상 관람에만 치중하면 문맥이나 상황 파악력, 문자 해독력, 사고력, 질문력 등 모든 면에서 점차 능력이 떨어질 수밖에 없다.

지금 다시 우리에게 읽기가 필요한 이유

2018년 열린 책 생태계 비전 포럼에서 진화학자 장대익 교수는 "우리는 왜 이렇게 힘든 독서를 해야 하는가. 더 훌륭한 개인이 되기 위해서다. 운동이 신체를 단련시키듯 독서는 뇌를 단련시킨다. 인지능력뿐 아니라 공감력, 사회성을 높여준다. 개인의 보다 나은 삶, 인류의 생존과 문명의 진화를 위해서도 독서는 꼭 필요하다."라고 말했다.

독서를 하는 이유는 크게 2가지 정도로 볼 수 있다. 하나는 정보 습득, 다른 하나는 생각 키우기다. 책을 통해 우리는 일과 학업, 삶에 필요한 정보를 습득한다. 하지만 책은 정보 습득에서 나아가 우리로 하여금 생각하게 만든다. 그래서 책 읽기야말로 매우 능동적이며 지적인 활동이다.

책을 효과적으로 읽어내려면 주제를 염두에 두고 핵심과 맥락을 파악하면서 읽어야 한다. 그리고 그것을 얼마나 잘하느냐에 따라 책에서 얻는 것도 달라진다. 즉 책을 읽고 이해하고 생각하는 능력에 따라 배우고 깨닫는 것이 달라진다는 뜻이다.

우리가 자신감을 갖고 결정할 수 있는 능력은 풍부한 지식과 올바른 판단력에서 나오는데, 이 2가지는 독서를 통해 얻을 수 있다. 그리고 이는 메타인지와도 관련이 있다. 메타인지는 '자신의 인지 과정에 대한 인지 능력으로, 내가 무엇을 알고 무엇을 모르는지를 아는 것'이다. 자신이 무엇을 모르는지 알아야 배울 수 있고 부족한 것을 채울 수 있다. 메타인지를 키우려면 책 읽기를 통해 사고력을 높이고 자신만의 지식체계를 축적하는 것이 중요하다.

책 읽는 법을 제대로 안다는 것은 무엇일까? 주제와 핵심을 정확히 파악해낸다는 의미다. 이는 단지 책에 국한되지 않는다. 우리 삶 전반과 연관되어 있다. 영화나 드라마 같은 영상물은 물론이고 업무, 인간관계, 경제활동, 미래 준비 등 모든 면에서 제대로 읽을 줄 아는 능력은 도움이 된다. 옥석을 구별할 수 있게 해주고 핵심을 파악하도록 도움을 준다. 같은 것을 보아도 아무것도 얻지 못하는 사람이 있는가 하면, 인생을 바꿀 진귀한 보석을 손에 넣는 사람도 있다. 이것은 모두 제대로 읽는 법에 기인한다.

코어리딩 능력은
미래의 경쟁력이자 권력이다

가끔 바람을 쐴 겸 서점으로 발길을 옮기곤 했다. 서점에서만 만날 수 있는 풍경과 책 내음이 내 마음을 끌어당기기 때문이다. 그렇게 서점을 방문했던 2014년의 어느 날, 우연히 가판대에 놓인 한 권의 책이 눈에 띄었다. 제목은 《나는 자기계발서를 읽고 벤츠를 샀다》였다.

"속는 셈 치고 자기계발서대로 살아본 2년, 그 이후 내 인생에 벤츠와 타워팰리스가 들어왔다." 특히 책 뒷면에 실린 이 문구가 더욱 눈길을 끌었다. 과장된 낚시성 문구인가? 마케팅 차원에서 만든 카피일까? 의구심이 들어 책을 펼치고 저자 약력을 살펴보았다. 저자는 최성락. 서울대학교 국제경제학과를 졸업하고, 서울대학교 행정대학원 행정학 박사, 서울과학종합대학원 경영학 박사 학위를 딴 후 당시 동양미래대학교 경영학부 교수로 있었다. 그는 명문대학

출신의 대학교수지만 자신이 경제적으로 주변인들보다 그리 넉넉하지 않다는 사실을 인정했다.

프롤로그에는 이런 대목도 있었다. "공부를 잘하는 것과 나중에 경제적으로 잘사는 것은 별로 상관이 없다. 좋은 대학에 다니는 것, 좋은 직장을 얻은 것 역시 모두 경제적으로 잘사는 것과 별로 관계가 없다. 먹고살기는 한다. 중산층으로 살아갈 수는 있다. 하지만 벤츠를 탈 수 있는 건 아니다."

저자인 최 교수의 독백이 내 가슴에 돌을 던졌다. 그가 책에서 무슨 이야기를 할지 궁금했다. 최 교수는 모든 자기계발서가 다 비슷한 말들을 하고, 자신은 그저 그 책들을 읽기만 했다고 썼다. 그러다 문득 '자기계발서가 하라는 대로 한번 해볼까?' 하는 생각이 들었고, 그 책들에 나온 방법들을 직접 실천하기 시작했다는 것이다. 그는 그렇게 자신만의 위시리스트를 만들고 결국 전부 이루었다.

최 교수가 서울대 석박사 학위를 따고도 이루지 못했던 꿈을 자기계발서를 읽고 이룰 수 있었던 이유는 무엇일까? 그 이유는 바로 코어리딩core reading에 있다. 코어리딩은 책 읽기 방법 중 하나다. 하지만 단순히 책을 읽는 방법론에 그치지 않는다. 그것은 생각법의 일종이며 세상을 읽고 내 삶을 변화시키는 데 필요한 가장 핵심적인 도구다.

최 교수는 자신이 고학력자임에도 주변인들보다 경제적으로 잘 살고 있지 못하다는 문제를 인식한 후 자기계발서를 탐독했다. 그리고 책에서 자신의 문제를 해결하는 데 도움이 되는 가장 핵심적인 것들을 찾아내 삶에 적용함으로써 변화를 이끌어냈다. 이처럼 그냥 읽는 것이 아니라 자신의 문제를 해결하는 데 도움이 되는 핵심적인 부분을 찾아내는 것이 중요하다. 나아가 그것을 실천함으로써 삶을 변화시키는 것이 바로 코어리딩이다.

최 교수처럼 우리도 코어리딩을 통해 우리에게 진정 필요한 것을 찾아내 활용할 수 있다. 그렇게 한다면 미래 경쟁력을 확보하는 것은 물론이고 인생 우상향을 경험하는 것도 가능해진다. 다양한 책에서 내 문제를 해결할 핵심을 발견하고 그것을 빠르게 실행함으로써 우리의 문제를 하나씩 해결해보자. 인풋이 효율적이고 효과적인 아웃풋으로 연결되도록 노력한다면 누구라도 부의 선순환 구조에 진입할 수 있다.

핵심을 파악해야
본질에 다가간다

"잠깐, 무슨 말을 하는 건지 잘 모르겠는데?"

"애는 썼는데, 정작 중요한 게 빠져 있어!"

누군가와 대화를 나누거나 어떤 일에 대해 논의하다 보면 이런 식으로 이야기하는 일이 자주 생긴다. 상대가 두서없이 장황하게 이야기하거나 열심히 노력했지만 정작 중요한 것을 놓쳤을 때 하는 말이다. 다시 말해 핵심을 놓쳤다는 뜻이다.

핵심을 안다는 것은 본질을 안다는 것

핵심核心의 뜻은 무엇일까? 한자의 의미대로 풀자면 사물의 가장 중심이 되는 부분이라는 의미다. 뼈대, 고갱이, 노른자위 등의 다양한 표현으로 대체되기도 한다. 일상생활 속에서 자주 쓰는 표현 중 앙꼬 없는 찐빵, 약방의 감초, 파레토 법칙 등도 모두 핵심의 중요성을 일컫는 비유적 표현들이다. 그만큼 우리는 모든 일에서 알게 모르게 핵심을 중요하게 여긴다.

왜 이토록 핵심을 중요하게 여기는 것일까? 핵심이야말로 본질이기 때문이다. 사람과의 관계든, 일이든, 세상을 살아가는 방법이든 간에 피상적 상황만을 보고는 제대로 이해할 수 없다. 반면 무엇이든 본질을 알면 이해하기 쉽고, 무엇을 해야 할지 쉽게 정할 수 있으며, 문제가 생겼을 때 솔루션을 찾기도 쉽다.

핵심과 연관되는 단어로는 역지사지易地思之가 있다. '처지를 바꾸어서 생각해본다'는 뜻을 지닌 말이다. 역지사지의 태도를 취하면 내 입장과 상대 입장을 동시에 생각하게 된다. 자기중심적인 생각에서 벗어나 각자의 입장을 고려하므로 잘못이나 실수를 빠르게 인지할 수 있다. 그렇게 되면 잘못된 방향을 수정해 서로에게 더 도움이 되는 방향으로 나아가는 것이 가능해진다.

역지사지는 내가 핵심이라고 생각했던 것, 옳다고 믿었던 것에 대해 스스로 다시 점검하게 한다. 핵심이라고 여겼던 것이 핵심이 아닐 수도 있고, 시간이 지나서 핵심이 바뀌는 경우도 제법 있다. 따라서 이러한 태도는 고정관념이나 아집에 사로잡히지 않도록 끊임없이 새로운 자극을 찾아낸다.

우리가 손흥민의 승리에 함께 기뻐하는 이유

코로나19에 경제 위기까지 닥치며 올해는 국민들 모두 어려운 상황에 처했다. 예고 없이 찾아와 일상을 파괴한 바이러스 때문에 웃을 일보다 걱정할 일이 많았고 여전히 우울감이 사회를 지배하고 있다. 이처럼 기뻐할 일을 찾기 어려운 상황에서도 국민들을 웃게 하는 이가 있다. 바로 축구선수 손흥민이다.

축구 마니아가 아닌 나 또한 손흥민이 골든부츠에 확정되던 순간의 감동이 잊혀지지 않는다. 2022년 5월 23일 유럽축구연맹 챔피언스리그 진출을 다투는 최종전. 전반전 내내 손흥민 선수가 찬 공은 번번이 골문을 피해갔다. 선수도, 그걸 지켜보는 관중과 시청자도 아쉬움에 마음을 졸였다. 시간이 흘러 새벽 1시 27분, 새벽의 고요를 뒤흔들며 사람들의 탄성이 터져 나왔다. 기다리던 22호골, 23호골이 연달아 나왔다.

팀을 5 대 0으로 이끈 손흥민의 승리에 기뻐하던 다음 날, 나만이 그런 기쁨을 느끼는 게 아님을 알았다. 전 국민이 모두 기쁨에 들떠 좋아했다. 호프집에서 단체로 손흥민 선수를 목놓아 응원하는 모습을 뉴스로 볼 수 있었다. 누군가는 최근 우울한 일이 많았는데 자신에게 최고의 생일 선물이 되었다고 했으며, 누군가는 손흥민의 승리가 자신의 승리 같다고 했다. 그 무렵 손흥민 관련 일간 검색량은 160만, 경제적 가치를 2조 원으로 추정하는 기사들도 나왔다.

그의 어떤 점이 우리에게 기쁨을 주는 것일까? 그의 어떤 매력이

국민 모두에게 해피바이러스를 제공할까? 그는 어째서 '나이스 원
쏘니! 나이스 원 손!'이라고 불리는 걸까?

그것은 우울과 절망으로 시들어가는 우리 일상에 그가 활력의 씨
앗을 심어주기 때문이다. '정'이나 '의리'보다는 '이성'이 중심이 되
는 유럽에서 팀 동료들이 자신의 일처럼 쏘니의 득점을 기뻐하는
장면을 보며 우리는 카타르시스를 경험한다. 그뿐 아니다. 역경을
이겨내고 주변 사람들에게 인정받는 모습을 보고는 우리 역시 당면
한 힘겨움을 이겨낼 용기를 얻는다.

핵심을 알고 나아가는 사람의 미래는 빛난다

손흥민은 '아시아 최초 EPL 득점왕, 12번째 프리미어리그 득점왕
을 배출한 나라'라는 명예를 우리 국민 모두에게 안겨주었다. 사실
최선을 다해 열심히 운동하는 선수가 손흥민 한 명만은 아니다. 많
은 이들이 축구선수로 뛰고 있으며 축구선수가 되려 노력하고 있다.
하지만 모두가 영광의 자리에 오르는 것은 아니다. 손흥민이 5대 리
그 중 가장 인기 있는 프리미어리그 득점왕에 오른 이유, 그가 골든
부츠 득점왕이 된 핵심은 무엇일까?

그 핵심은 손흥민 선수가 아닌 아버지 손웅정에게서 찾을 수 있
다. 그는 여러 매체를 통해 다음과 같은 이야기를 자주 해왔다. "축
구보다 행복이 먼저다. 축구를 하는데 아들이 행복하지 않다면 그

것은 아무런 의미가 없다. 아들이 경기에 나설 때 나는 '마음 비우고 욕심 버리고 승패를 떠나서 행복한 경기를 하고 오라'고 말한다."

모두 축구를 1순위로 두지만 손웅정은 축구 이전에 더 근본적인 것에 지향점을 두었다. 그것은 바로 축구할 때 행복해야 한다는 것이다. 1등을 하는 것, 세계적인 선수가 되는 것, 모두의 영웅이 되는 것이 핵심이 아니었다. 그런 가시적 목표들에만 집착했다면 그 목표를 달성하는 일이 재미있지도 행복하지도 않았을 터다. 혹은 그 목표를 달성하지 못할 경우 축구 자체가 의미를 잃을 수도 있다.

그러나 손웅정은 아들이 축구할 때 어떻게 하면 행복한지를 끊임없이 마음속에 심어주었고, 그것이 마음 깊이 뿌리 내려 손흥민에게 길을 알려주는 나침반이 되었다. 다시 말해 성과나 득실이 아니라 축구를 하는 이유, 본질을 끊임없이 되새기도록 독려한 것이다. 이런 이유로 손흥민 역시 "축구하는 것이 너무 좋다."라고 말한다. 이처럼 내면에 명확한 지향점을 갖고 있으면 작은 실패들이 다가와도 쉬이 흔들리지 않는다. 다른 이들의 시선이나 평가 때문에 좌절하거나 움츠러들지도 않는다.

2022년 11월, 손흥민은 월드컵을 얼마 앞두고 안면 골절이라는 큰 부상을 당했다. 그럼에도 그는 얼굴에 철심을 박고 한국 국가대표로 출전해 월드컵 16강 진출을 이뤄냈다. 부상이 심해지면 실명할 위험이 있다고 할 정도로 심각한 상황이었음에도 그는 네 경기를 모두 뛰었다. 손흥민은 월드컵 기간 중 인터뷰에서 "1퍼센트의 가능성만 있다면 앞만 보고 달려가겠다는 마음으로 뛰었다."고 말했다. 1퍼센트의 가능성일지라도 포기하지 않으면 이루어낼 수 있음을 몸소 증명해낸 것이다.

이처럼 같은 일을 해도 핵심을 알고 하는 사람과 그렇지 않은 사람은 이미 출발점에서부터 마음가짐이 달라진다. 마음가짐이 달라지니 관점과 움직이는 방향도 달라진다. 과정의 밀도에서 격차가 벌어지니 결과 역시 달라질 수밖에 없다.

뿌리가 굳건하면
쉬이 넘어지지 않는다

스포츠나 예술, 연예계에서 분야 1위를 달리며 잘나가던 사람들 중 크나큰 사건을 겪거나 흐름을 따라가지 못해 쇠락하는 이들이 있다. 기업 역시 마찬가지다. 전 세계에서 손꼽히는 브랜드나 기업이 어느 순간 하향세를 걷다가 사람들의 기억 속에서 사라지기도 한다. 1등의 영광은 결코 영원하지 않다. 특히 자기 업에서 본질과 핵심을 잃으면 오랫동안 쌓은 것이 모래성이 되어버리기도 하고, 사람들의 외면을 받기도 한다.

과거의 영광에 머무는 사람, 끊임없이 새로워지는 사람

핵심, 즉 본질을 제대로 파악하지 못한 채 전진할 때 우리는 어떤 미

래를 맞게 될까? 코닥의 쇠락은 그 미래를 보여주는 가장 대표적인
사례다.

2000년대 초반까지만 해도 코닥은 필름 분야에서 세계 1등이었
다. 사진술을 형성하는 데 코닥이 얼마나 큰 역할을 했는지 코닥 이
전을 생각해보면 알 수 있다. 그전까지는 필름 가격이 비싸 사진은
전문가들의 고유 영역이었고 일반인이 쉽게 다가가기 어려운 분야
였다. 하지만 코닥이 필름 가격을 낮추면서 사진 산업 자체가 대중
화되었고 일반인들의 생활 속으로 파고들었다. 그만큼 코닥은 센세
이셔널한 기업이었다. 심지어 광고캠페인에 사용된 '추억을 담다',
'코닥 순간'이라는 말이 널리 퍼져 전 세계인에게 회자될 정도였다.

이렇게 사진 산업 자체를 바꾸고, 사람들의 삶과 문화에 놀라운
영향력을 미치며 오래도록 승승장구할 것 같던 기업은 지금 어떤
모습일까? 예전의 그 기세라면 지금도 사진 산업을 리드하고 있어
야 마땅하다. 하지만 현실은 그 반대다.

코닥은 필름 제품으로 엄청난 매출을 올렸다. 이것은 처음에는
득이었지만 시간이 흐르며 발목을 잡는 악재로 작용했다. 사실 코
닥은 '디지털 카메라'라는 보물을 최초로 발명한 기업이기도 하다.
따라서 디지털 카메라 분야를 선점해 더 큰 기업으로 성장할 수도
있었다. 하지만 그들은 그러지 않았다. 디지털 사진을 한때의 유행
으로 취급했고 그 기술을 다른 기업에 넘기고 말았다. 그리고 그 부
메랑은 2012년 부도로 돌아왔다. 코닥이 버린 그 핵심 기술이 20
년 뒤 코닥의 발목을 잡은 것이다. 왜 이런 일이 벌어졌을까?

코닥이 변화하는 시장의 흐름, 그 핵심을 제대로 읽어내지 못했기 때문이다. 핵심을 읽는 능력, 즉 코어리딩 능력이 없었던 것이다. 당시 디지털 카메라 시장은 급성장하고 있었으며 소비자들의 욕구와 필요 역시 변하고 있었다. 이미 인터넷 혁명이 일어나 디지털이 사람들의 일상을 파고드는 상황이었음에도 코닥은 그러한 움직임을 제대로 읽어내지 못했다.

과거의 성공에만 머물러 있던 그들의 안일함, 시장의 변화와 고객의 니즈를 적극적으로 탐색하지 못한 나태함이 만들어낸 결과였다. 그것을 빠르게 캐치했다면 자신들이 이미 보유한 디지털 카메라 기술을 다른 곳에 넘기지 않았을 터다. 그랬다면 잘못된 의사결정으로 회사가 망하는 일도 없었을 것이다.

우물 안에 사는 사람, 우물 밖에 사는 사람

"정와불가이어해井蛙不可以語海."

《장자莊子》〈추수秋水〉 편에 나오는 고사성어다. 직역하자면 "우물 속에 있는 개구리에게는 바다에 대해 설명할 수가 없다."라는 뜻이다. 우물 안에 갇혀 사는 개구리는 세상 경험이 없고 아는 것도 적다. 좁디 좁은 자기 세계에 갇혀 살아온 사람에게는 다른 세상에 대해 아무리 설명해도 쉽게 받아들이지 못한다. 혹은 극히 일부만 이해하거나 완전히 잘못 받아들여질 가능성도 높다. 그릇이 작으니 담을 수 있는 것도 적다. 경험이 부족한 사람이 누군가에게 무엇을 알려줄 경우에도 마찬가지다. 아는 게 적고 편협하므로 막연한 이론이나 잘못된 개념을 소개할 가능성이 높다.

초보자보다 어중간한 전문가 또는 한 분야에 오래 정체된 사람들이 이러한 함정에 빠지기 더 쉽다. 초보자는 오히려 자신의 부족함을 알기에 매사 조심스럽고 신중하게 접근한다. 우물 안과 우물 밖을 모두 이해하기 위해 겸손한 태도로 노력한다. 모든 것이 새로우니 알파벳 A부터 Z까지 살피고 다양함이 존재한다는 걸 깨닫는다. 여러 방식으로 확인하고 점검하면서 확증 편향의 오류를 수정해나간다. 반면 확실한 전문가도 아니면서 애매한 수준에 오른 사람들은 그동안 쌓아온 자기만의 지식, 협소한 경험 때문에 오히려 편견에 빠질 위험이 크다. 적은 지식을 믿고 경솔해지기 쉬운 것이다.

우물 안과 우물 밖은 어떤 기준으로 나눌까?

우물은 내가 늘 하던 일과 익숙한 환경, 비슷한 상황이라 말할 수 있다. 우물 밖은 태양이 내리쬐는 뙤약볕일 수도 있고 태풍이 몰아치거나 지진이 일어나는 혼란의 상황일 수도 있다. 내가 경험한 우물 안은 모든 것들이 익숙하다. 따라서 체계화된 프로세스가 자동으로 가동되어 모든 일을 쉽게 판단하게 된다. 반면 우물 밖은 새로운 것들이 가득하며 혼란스럽고 위험하다.

우물 안과 우물 밖은 평소에는 잘 구분되지 않는다. 그런데 위기가 닥치면 상황이 완전히 달라진다. 위기가 닥쳤을 때 자신이 아는 익숙한 방식으로 문제를 해결하려 하고 다른 대안은 생각하지 못하는 경우가 있다. 이처럼 익숙한 방식에 매여서 틀을 깨지 못하는 것이 우물 안 세상이다. 그렇다면 우물 밖 세상으로 나아가려면 어떻게 해야 할까? 빠르게 상황을 파악하고 다른 대안을 찾아서 위기를 돌파해야 한다. 우물 밖은 유연하게 사고하는 사람, 플랜B를 생각하는 사람들이 좀 더 객관적으로 볼 수 있는 세상이다. 이처럼 우물 안과 우물 밖은 사람들이 각자 처한 상황과 여건에 따라 달라질 수 있다. 그리고 외부 변수가 강한 사건이 등장했을 때 우물 안과 우물 밖을 제대로 볼 줄 아는 사람의 대응은 크게 달라진다.

2020년 1~2월 중국 우한에서 생긴 어떤 사건이 향후 2~3년간 전 세계 모든 나라의 경제, 정치, 문화에 엄청난 반향을 일으킬 것을 예측한 사람은 없었다. 많은 이가 처음에는 코로나19도 메르스나 사스처럼 일시적으로 전파되다가 금세 사그라들 것이라고 여겼다. 뉴스에 나오는 전문가들 이야기들도 별반 다르지 않았다.

그런데 코로나19는 우물 안과 우물 밖을 구분하지 않고 모든 사람의 삶을 덮쳤다. 특히 자영업자들에게는 생사를 가르는 엄청난 사건이 되었다. 여행업, 요식업, 제조업, 항공업, 공연문화 산업과 그 외 많은 분야에서 혼란과 고통이 시작되었다. 코로나19가 할퀴고 간 상흔이 가라앉기도 전 경기침체와 인플레이션 등의 또 다른 위기들이 연쇄적으로 다가오는 중이다. 이처럼 팬데믹의 여파는 찻잔 속 회오리가 아닌 전 지구적 쓰나미가 되어 태풍을 일으키고 있다.

막연한 희망이 아닌 불편한 진실과 마주하는 용기

코로나19가 터지고 모두가 우왕좌왕하던 때에도 현실을 빠르게 받아들이고 변화를 꾀한 이들이 있다. 특히 요식업에 종사하던 자영업자들 중 일부는 배달로 빠른 전환을 시도했다. 가성비와 메뉴를 고려해 배달 음식에 적합하게 준비한 식당들은 선방했지만 그러지 못한 이들도 많았다. 문제 상황을 인식하고 해결책을 찾아 새로운 시도를 한 이들과 그렇지 못한 이들 사이에는 희비가 갈렸다. 방역 해제를 통한 정상화만을 기다렸던 다수의 카페와 식당들은 뾰족한 대책 없이 지속되는 보릿고개를 견뎌야만 했다.

여행사와 항공사 또한 코로나19의 직격탄을 피할 수 없었다. 하지만 한 항공사는 역발상을 통해 위기를 극복할 결단을 내렸고, 글로벌 항공사들이 줄줄이 적자 행진인 가운데 이례적으로 흑자를 기록했다. 바로 대한항공이다. 코로나19 이전과 비교해 2021년 기준 여객 매출은 74퍼센트나 줄었지만, 화물 매출은 66퍼센트가량 늘어났다. 이런 자구책을 마련한 뒷면에는 어떤 고민과 판단이 있었던 것일까?

대한항공은 2020년 6월부터 객실 좌석 위에 카고시트백Cargo Seat Bag을 설치해 화물을 수송했다. 이어 9월에는 여객기 좌석을 제거해 화물기로 전환하는 결단을 해 유휴 여객기가 4,500편 이상의 화물을 운송했다. 이처럼 같은 상황에서도 어떤 면에 집중해 판단하느냐에 따라서 개인, 기업, 조직의 운명이 바뀔 수 있다.

우물 안과 우물 밖을 구분하는 기준, 그 핵심은 어디에 있을까? 내 입장에서 바라본 하늘, 즉 내가 보고 싶은 것만 보는 태도를 버리는 데 있다. 보이는 하늘 너머에서 들려오는 불편한 소리와 풍경을 제대로 듣고 보는 것이다. '어떻게든 되겠지'라는 막연한 희망, 보이는 대로만 믿으려 하는 안일함은 우리를 현실에서 멀어지게 한다. 막연한 희망을 따라가지 말고 냉혹한 현실을 마주봐야 한다. 위기일수록 더욱 그래야 한다.

여객기 좌석을 제거하고 화물기로 변경하는 것은 결코 쉬운 의사결정이 아니다. 대한항공은 '여객기 항공사라면 이래야 해'라는 자신들의 바람이나 고정관념을 버리고 최악의 시나리오에 무게를 두었다. 이는 불편한 진실을 외면하지 않고 똑바로 쳐다봄으로써 더 심한 파국을 막을 수 있었던 좋은 사례다.

우물 밖 세상은 내가 그리는 평온한 그림이 아닌 힘든 풍경인 경우가 대부분이다. 세상은 내가 원하는 대로 돌아가지 않는다. 과학기술이 발전하고 디지털라이제이션 digitalization 이 확산되면서 급속한 변화와 예기치 못한 변수가 생기는 일은 더욱 심해지고 있다. 이럴 때일수록 변화에 떠밀려가거나 뒤처지지 않기 위해서 핵심을 읽는 능력, 즉 코어리딩 능력이 필요하다. 변화하는 세상의 흐름을 제대로 읽고 대응하는 능력 말이다. 코어리딩이야말로 불확실성의 시대에 나를 지키며 살아갈 수 있는 핵심 열쇠다.

같은 것을 보아도
얻는 것은 다르다

비슷한 것들끼리 모인다는 한자성어로 유유상종類類相從이란 말이 있다. 우리는 이런 말을 꽤 자주 한다. "그 사람하곤 결이 안 맞아서 불편해." "나랑 너무 달라서 안 맞아." 사람들은 대체로 자신과 비슷한 성향의 사람을 선호한다. 그런데 의문이 생긴다. 비슷한 사람끼리는 서로를 알아보고 만나게 되는 걸까? 아니면 자주 만나며 함께 지내다 보니 비슷해지는 걸까? 〈사이언스타임즈〉에 실린 기사를 통해 그 내용을 더 자세히 살펴보자.

학술지 <미국 국립과학원회보 Proceedings of the National Academy of Science> 를 통해 발표된 제임스 파울러 James H. Fowler 미국 캘리포니아대학 샌디에이고 캠퍼스 University of California-San Diego Campus 교수와 니콜라스 크리스타키스 Nicholas A. Christakis 예일대학 Yale University 교수의 공동연구이다.

연구팀은 매사추세츠 프레이밍햄 주민 1,932명을 대상으로 1970년부터 2000년대 초까지 30년 동안 추적조사를 실시하였다. 친분이 있는 1,367쌍의 친구와 친분이 전혀 없는 120만 쌍을 구별한 뒤, 46만 7,000쌍의 유전자 정보를 조사해 친분 있는 사람들 간의 유전자 유사성과 친분이 없는 사람들 간의 유사성을 비교하였다.

그 결과 친분이 있는 그룹의 유전자 정보가 친분이 전혀 없는 그룹보다 비슷한 것으로 나타났으며, 후각에 영향을 주는 유전자가 친구 사이에 더 유사한 것으로 나타났다. 연구에서는 유전자 정보가 모르는 사람에 비해 친구 사이에서 더 유사하게 나타나는 이유에 대해 명확하게 밝히지 못했다. 하지만 이 연구를 통해 유전자가 비슷한 사람들은 환경이 비슷한 경우가 있다는 것을 알 수 있었다. 환경이 비슷하다는 것은 그만큼 서로 만날 가능성이 높다는 것을 의미하고, 자주 만나게 됨으로써 자연스럽게 친해질 확률이 높다고 해석할 수 있다. "과학적인 사자성어 '유유상종'", 이슬기 객원기자, <사이언스타임즈>, 2014.07.22.

낯선 세계를 만나며 우리는 확장된다

앞서 기사에서 언급한 연구 내용에 근거해보면 낯선 사람, 낯선 일, 낯선 환경을 접함으로써 새로운 생각을 할 수 있지 않을까?

내 고향은 광주였다. 그곳을 떠나 25년 만에 시작된 서울살이는 모든 것이 낯선 경험이었다. 당시 나는 안경원에서 일했는데 아침 8시

30분부터 저녁 9시 30분까지 근무했고 휴무는 한 달에 두 번이었다. 결국 만나는 사람은 안경원에서 함께 일하는 선배 안경사 8명과 손님들이 전부였다. 그런데 며칠 뒤 내게 새로움을 안겨줄 인물이 나타났다. 안경원으로 잘생긴 사람이 한 명 찾아왔는데 전에 그 안경원에서 일했던 사람이라고 했다. 10년 동안 보석감정사 일을 하다 상황이 여의치 않아 다시 그 안경원에 오게 된 것이다.

나보다 열다섯 살이나 많은 선배였다. 더구나 10년간 다른 일을 했던 사람이 다시 안경사 일에 잘 적응할 수 있을지 내심 걱정이었다. 한데 그것은 내 기우였다. 그는 9명의 안경사 중 판매에서 톱을 차지했고 그 차이는 무려 3배에서 10배에 달했다. 청산유수로 고객들을 홀리는 것도 아닌데 실적은 항상 최고라는 게 의아했다. 그의 비법이 궁금했다.

너무 잘나가는 사람은 늘 그렇듯 그 선배에 대한 다른 안경사들의 견제가 심해졌고, 어쩌다 보니 내가 그의 식사 파트너가 되었다. 하루는 크게 마음먹고 평소 궁금했던 것을 질문했다. "어떻게 누진다초점렌즈와 고급 안경테를 그렇게 잘 판매하는지 놀랍습니다. 다른 분들은 100만 원이 넘어가면 고객분들이 부담스러워할까 봐 제대로 어필하지 못하시는데 말이에요."

그는 조심스럽게 이야기를 시작했다. 보석, 다이아몬드 등을 다루다 보니 200만 원, 500만 원 하는 가격 상한선이 그리 높게 느껴지지 않는다는 것이다. 안경을 주문하러 오는 손님들의 가방, 옷, 시계, 특히 여성 고객의 경우 반지를 보고 경제적 여유를 가늠해본다고 했다. 그러곤 이렇게 말했다. "거기에 맞춰 고가의 제품을 권해보는 거죠. 나도 안경원에서만 일했다면 그런 관점을 갖지 못했을 겁니다. 귀금속 판매를 해보았기에 거기서 얻은 관점을 안경 판매에 접목할 수 있었어요."

이처럼 낯선 세계를 만나거나 전혀 다른 세계를 접할 때 우리는 이전과는 다른 시각을 얻을 수 있다. 나 또한 안경사로 11년 동안 일하다가 2009년 교육컨설팅 분야로 업을 전환했다. 당시 나는 전공도 교육컨설팅 쪽이 아닌 데다 컴퓨터 활용 능력, 강의 능력, 영업 능력 모든 면에서 형편없었다. 그런데 단 한 가지 남들에게 없는 것이 있었다. 컨설팅 전문가의 강연을 듣는 수강생들 얼굴 표정에서 그들의 생각과 반응을 읽어낼 수 있었다는 점이다. 이것은 안경사로 일하며 고객의 표정을 세심하게 관찰하고 응대하는 과정에서 훈련된 능력이었다.

한번은 강의 중 눈에 띈 수강생을 찾아가 잠시 환담을 나누다가 이렇게 질문했다. "회사 팀장님들 역량 문제로 많이 힘드시지요?" 그는 그것을 어떻게 알았느냐며 깜짝 놀랐다. 그에게 컨설팅 강의로 직원들 역량 강화 문제를 보완해보면 어떻겠느냐고 제안했다. 마침 그가 회사의 의사결정권자였던 덕분에 바로 그 일이 성사됐다. 안경사로 일하며 쌓은 역량이 전혀 다른 분야에서 빛을 발한 케이스다.

같은 것을 보고 다른 것을 찾아내는 능력, 낯선 것을 통해 새로운 관점을 얻는 것은 코어리딩과도 연관된다. 그 연결의 핵심은 바로

'호기심'이다. 코어리딩의 출발점은 질문인데, 질문이란 것은 호기심이 있어야만 생겨난다. 호기심이 발동하면 더 알고 싶어지고, 더 알고 싶어지면 질문이 늘어나면서 그것을 탐구하게 된다. 앎의 세계가 확장되고 깊어진다. 그것이 사람이든 책이든 다른 어떤 것이든 말이다.

관점을 바꾸면 새로운 통찰이 가능하다

같은 것을 보아도 다른 것을 발견해내는 것은 그 사람이 가진 생각과 배경지식의 차이 때문이다. 관점이 다르기에 같은 것에서도 다른 것을 찾아낸다. 앞서 말했듯 업종을 바꾸거나 다른 분야에 도전한다면 서로 다른 세계의 충돌에서 오는 시너지를 경험할 일이 많다. 하지만 새로운 관점을 얻겠다고 매번 영역을 이동할 수는 없는 노릇이다. 이럴 때는 간접 경험이 도움이 된다. 책, 유튜브 콘텐츠, 강연 등 도움을 얻을 곳은 많다. 그 외에 의도적으로 낯선 것들을 시도해볼 수도 있다.

낯선 것은 불편함을 가져온다. 그런데 그 불편함이 사고를 확장하고 유연하게 만들어준다. 평소 하지 않던 운동을 하면 온몸이 아픈 것을 경험해봤을 터다. 안 쓰던 근육을 쓰면서 몸이 유연해지기 때문이다. 새로운 만남, 새로운 일, 새로운 공부 역시 마찬가지다. 새롭고 낯선 경험을 통해 뇌가 자극된다. 평소에는 하지 않던 생각을 하게 되면서 그만큼 생각의 폭이 넓어진다.

우주여행 시대가 막 문을 열었다. 현재 가장 유명한 회사는 일론 머스크의 스페이스엑스, 제프 베이조스의 블루오리진, 그리고 리처드 브랜슨의 버진갤럭틱이다. 이 중에서도 화성 식민지를 꿈꾸는 스페이스엑스의 일론 머스크는 우주 산업의 대표 주자다. 사실 우주여행을 개척하는 데는 어마어마한 비용이 들어가기에 우주 산업은 매우 고위험 산업군이기도 하다. 그런데 스페이스엑스는 로켓 재사용이라는 전략으로 천문학적 비용을 상당 부분 절감할 수 있었다. 스페이스엑스의 탁월함이 엿보이는 전략이다.

나사에는 천재 박사와 과학자들이 즐비한데 그간 로켓 재사용에 대한 아이디어를 내지 못한 이유는 무엇일까? 같은 상황에서 전혀 다른 해결책을 도출하는 것은 창조성이고 이것이 차이를 만들어낸다. 이 문제에 있어서만큼은 일론 머스크가 천재 박사와 과학자들보다 더 창의적이었던 셈이다.

이런 창조적 시도가 꼭 일론 머스크 같은 대단한 사람만의 전유물은 아니다. 우리 중 누구라도 일상의 작은 변화를 통해 관점 전환을 시도해볼 수 있다. 오늘부터 집에 갈 때 최적 동선이나 늘 다니던 동선이 아닌 아주 낯선 동선을 선택해보자. 일주일에 4일은 익숙한 맛집에서, 하루는 새롭게 찾아낸 낯선 식당에서 식사를 해보는 것도 좋다. 작은 변화지만 다른 공간과 다른 냄새, 다른 맛을 접하며 무뎌져 있던 새로운 감각이 깨어나고 전에는 느끼지 못한 새로운 것을 느낄 수 있다.

서 있는 자리에 따라 풍경이 달라진다는 말이 있다. 때로는 의도적으로 내가 서 있는 위치를 바꿔볼 필요가 있다. 물리적으로나 의식적으로 말이다. 그러면 분명 전에는 보이지 않던 아주 새로운 것들이 보이고 느껴지기 시작할 것이다.

효율과 효과의 공조로
시너지를 내는 법

우리나라의 교육열은 뜨겁기 그지없다. 교육에 대한 열정이 높다기보다는 1등을 만들고 좋은 대학에 보내는 등 줄 세우기 과열 경쟁을 하고 있다는 의미에서 그렇다. 얼마든지 다른 길을 찾을 수 있는데 모두가 같은 사다리에 매달려 꼭대기를 차지하기 위해 밀어내고 밀리는 상황은 그야말로 아수라장이다. 초중고 그리고 대학에 다녔던 학창 시절을 떠올려보자. 교육이 이뤄지던 방식, 학습하는 과정이 어떠했던가?

간단히 말하자면 '효율'보다는 '효과'가 강조되었다. 얼마나 빨리 습득하느냐, 얼마나 잘 습득하느냐, 몇 등을 차지하느냐에 관심을 두고 결과만을 중요시한 것이다. 정작 공부하는 과정에서 얻을 수 있는 것들은 대부분 등한시되었다. 지식을 습득하고 외우는 공부를 하다 보니 호기심을 갖고 질문하는 일도, 스스로 문제를 해결하기 위해 깊이 사고하는 것도 제대로 시도해본 적이 없다. 과정은 모두 생략하고 결과로 건너뛰는 것이 우리의 교육 현실이다.

남들이 요구하는 길이 아닌 나만의 길

우리나라는 고등학교까지 의무교육이며 무조건 고등학교는 나와야 한다는 생각이 지배적이다. 대학교에 진학하는 비중도 그 어떤 나라보다 높은 것이 사실이다. 유독 학구열이 높고 학벌에 집착하는 사회 분위기 때문이다. 이것은 학문적 탐구심이 높다거나 지적 호기심이 왕성하다는 것과는 전혀 다른 이야기다. 학문의 본질적인 목적보다 성적이나 대학 졸업장처럼 남에게 과시할 수 있는 스펙spec에 집착한다는 의미다.

1980년에는 대학 진학률이 27.2퍼센트에 불과했다. 지금은 어떨까? 2021년 종로학원에서 조사한 바에 따르면 2021년 전국 고등학교 대학 진학률은 73.7퍼센트라고 한다. 40년 전과 비교하면 상승률이 거의 3배 가까운 수준이다. 이처럼 대학 졸업자가 넘쳐나니 더는 그것이 특별한 스펙이 되지 않는다.

그런데도 여전히 대부분의 부모가 아이들 대학 입시에 목을 맨다. 대학 나온다고 취업이 보장되는 현실도 아닌데 말이다. 세상은 빠르게 변하고 있다. 모두가 가진 대학 졸업장이 아니라 특화된 전문성, 다른 사람에겐 없는 나만의 능력이 필요하다. 현실이 이런 데도 아직도 대다수 부모가 달라지는 세상, 냉혹한 현실을 제대로 이해하지 못해 여전히 학벌 중심주의에 빠져 있다. 이와 관련해 또 다른 수치들도 살펴보자.

전국경제인연합회 조사 결과 2022년 상반기 청년 체감실업률은 19.9퍼센트였다. 그리고 2017년부터 2020년까지 4년간 배출된 대졸자는 223만 4,000명인데 반해 신규 고학력 일자리는 126만 4,000개에 불과했다. 신규 일자리 창출이 대졸자 규모의 약 57퍼센트 수준인 셈이다.

이런 현실을 직시한다면 "대학에 가는 것만이 최선인가?"라는 질문을 다시 던져봐야 한다. 그리고 이 질문에 답하기 위해서는 효과가 아닌 효율이라는 측면을 생각해볼 필요가 있다.

우리의 교육 현실로 돌아가보자. 학교와 학원을 오가는 것은 기본이고, 과외와 그 과외를 받기 위한 또 다른 과외까지…. 마치 우리 국민에게 일생일대의 중요한 이슈는 오로지 대학 진학인 것처럼 보인다. 그리고 다른 곳에는 없는 입시 학원이라는 독특한 영역이 학생과 학부모를 지배한다. 좋은 대학에 진학하고 스펙을 쌓아 대기업에 취직하거나 공무원이 되기를 꿈꾸는 아이들과 그 부모들이 사는 나라.

내가 원하는 대로 나만의 길을 가면 좋으련만 모두가 가는 길을 꾸역꾸역 따라가려 애쓴다. 그 좁은 길에 다수가 모여드니 피 튀기는 경쟁을 하는 것은 당연지사다. 개성, 협력, 토론, 창의와는 거리가 멀어진다. 대학 진학이나 취업뿐만이 아니다. 우리나라에서 진행되는 많은 일이 이처럼 무리의 습성대로 가는 경향이 강하다.

최고가 되려 하지 말고 유일함으로 승부하라

"여기서 제일 잘나가는 걸로 주세요."

"이왕이면 대세를 따르는 게 좋지."

"너 뭐 먹을 거야? 나도 그걸로 할게."

이처럼 우리는 남들이 어떻게 하는지, 대세가 무엇인지를 중요하게 여긴다. 무리의 전체적인 분위기를 따르려 하고 웬만하면 튀지 않으려 노력한다. 개성이 강하거나 주관이 뚜렷하면 튄다거나 나댄다거나 드세다는 식으로 폄하되기 일쑤다. 아직도 일본 군국주의의 잔재가 우리 삶 깊숙이 남아 있는 걸까? 그래서인지 교육에도 어김없이 전체주의, 획일화의 경향이 강하다. 남들에게 없는 자신의 유일한 점을 키우려 하지 않고 모두가 달려드는 사다리에 매달려 1등이 되려고 소모적인 경쟁을 벌인다.

아이들이 스스로 방향을 찾을 수 있도록 도와야 하는 가장 중요한 시기는 초등학교 고학년부터 중학교 졸업할 때까지다. 자기 주관이 형성되는 시기이므로 이때 스스로 생각하고 의사결정을 할 수 있도록 부모가 훌륭한 보조자 역할을 해줄 필요가 있다. 정해진 답을 주는 게 아니라 아이 스스로 질문하고 답을 찾아가도록 서포트해줘야 한다.

지금 초중고에 다니는 우리의 자녀들이 사회의 주축으로 살아갈 시기는 대략 2030~2050년 정도일 것이다. 당연히 지금과는 여러 면에서 완전히 다른 세상으로 변해 있을 터다. 전문가들은 지난 50~60년간 일어난 변화보다 향후 10년 동안 일어날 변화의 폭이 훨씬 더 클 거라고 전망한다. 당연히 산업이나 일자리의 변화도 상당할 것이다. 전문가들은 한 가지 일을 오래 할 수 있는 사람은 극히 소수이며, 대부분의 사람은 직업을 최소 5~6회 이상 바꿔야 하는 세상이 오고 있다고 전망한다.

지금은 의견이 분분하지만 메타버스가 확산되면 현실세계와 가상세계가 교집합을 이루며 완전히 다른 세상에서 살아가야 할지도 모른다. 인공지능이나 휴머노이드 로봇의 발전도 무시할 수 없다. 기술이 더 발전한다면 인공지능이 우리 일자리의 상당 부분을 대신하게 된다. 소멸하는 일자리도 많아지고 새로 생겨나는 일자리도 많아질 터이므로, 일과 일자리에 일대 혁신이 일어날 것이다. 그때가 오면 인간은 어떤 일을 해야 할까? 인공지능이나 로봇이 할 수 없는, 인간만이 할 수 있는 특화된 일을 찾아야 한다.

이처럼 거대한 변화의 파도가 몰려오고 있는데 아직도 대학, 학벌 경쟁에 집착하는 것은 그야말로 현실 인식 능력의 부재다. 달리 표현하면 코어리딩 능력이 현저히 떨어진다고도 말할 수 있다. 지금 우리에게 필요한 것은 다른 이들이 맹목적으로 몰려가는 길에서 벗어나 나만의 길을 개척하고, 그 길을 꿋꿋이 걸어가는 일이다. 유일무이한 나만의 강점과 전문성으로 경쟁력을 확보해야 한다. 그러기 위해선 효율과 효과가 조화를 이루며 시너지를 내야 하고, 과정과 결과 모두가 중요시되어야 한다. 공부도 일도 재테크도 마찬가지다.

오카노 마사유키가 남다른 성취를 이룬 이유는?

워크맨에서 휴대폰까지, 스텔스 전투기에서 우주왕복선까지 수많은 기술과 부품을 만들며 일본을 넘어 전 세계의 주목은 받은 회사가 있다. 종업원 6명의 동네 공업소 규모로 시작했지만 연간 60억 원 이상의 매출을 올리기도 했다. 직원 한 명당 10억 원의 매출을 달성한 괴물 같은 이 회사는 바로 오카노공업사다.

이 회사를 이끈 수장 오카노 마사유키Okano Masayuki의 이력과 행보는 놀라움 그 자체다. 그는 초등학교 졸업 후 바로 가업에 뛰어들었다. 그 후 아버지를 사장 자리에서 내려오게 한 뒤 자신이 그 자리를 차지하는 쿠데타를 일으켰다. 마사유키는 주간지 〈타임〉이 '현대 과학기술을 능가하는 최고의 센서를 지닌 인간'이라고 평가할 정도로 뛰어난 세계 최고 프레스·금형 기술자다. 더불어 '아무나 할 수 없는 일을 한다'는 모토 아래 불가능한 일에 도전해서 남다른 성과를 창출해온 인물이기도 하다.

마사유키는 스텔스 전투기용 통신 안테나, 자동차 추돌 방지용 센서, 나사의 의뢰로 만든 레이저 반사경과 위성 안테나 등 세계 최초로 불리는 제품을 무수히 많이 생산해왔다. 그중 단연 눈에 띄는 것은 그가 최초로 개발한 '무통 주사 바늘'이다.

처음 이 제품의 개발을 의뢰받았을 때 모두 불가능하다고 했지만 마사유키는 포기하지 않았다. 그는 '모기 주둥이처럼 가는 바늘이라면 통증 또한 모기에 물리는 정도이지 않을까?'라는 아이디어에 착안해 뒤쪽은 미세하게 굵지만 앞으로 갈수록 가늘어지는 주사 바늘을 디자인한다. 그 누구도 생각하지 않았던 방식으로 제품을 개발했고 그 결과는 대성공이었다. 무통 주사 바늘은 업계에 소문이 나면서 불티나게 팔리는 효자 상품이 되었다.

초등학교 학력이 전부인 그가 이런 성공을 이룬 핵심 요인은 무엇일까? 남들과 달리 과감하게 생각하고 그것을 두려움 없이 시도한다는 점이다. 즉 자기만이 해낼 수 있는 것, 유일함으로 승부를 본 것이다. 이러한 오카노 마사유키의 DNA는 우리 안에도 있다. 단지 그것을 끄집어낼 기회와 상황을 아직 맞지 못했을 뿐이다.

다수가 가는 길로 들어서면 편안함과 익숙함이 보장되겠지만 결국 그 끝에는 레드오션이 기다릴 뿐이다. 반대로 소수가 가는 길, 다수가 꺼리는 길로 가면 두려움과 어려움이 가득해도 마침내 블루오션에 도달할 수 있다.

분명 오카노 마사유키가 걸어온 발자국에는 놀라움과 새로움의 인장이 찍힐 것이다. 가방끈보다 더 길어야 하는 것은 '호기심끈'이다. 그리고 호기심을 시도하는 실행끈이 더해질 때 유일함이 생기기 시작한다.

실패에서 기회의 씨앗을 보는 훈련

코어리딩을 잘하려면 실패 속에서 다름을 보는 훈련도 필요하다. 실패는 절망으로 끝나는 마지막이 아니다. 실패는 다른 관점과 다른 생각, 즉 숨겨진 생각 씨앗을 만나는 아주 귀한 기회다. 1등부터 100만 등까지 등수를 매기는 경기를 진행하면 결국 소수만이 승자가 되고 나머지는 패자가 된다.

하지만 우리 아이들이 살아갈 세상이 순위로 나열되고 1등만 살아남는 승자독식의 세상은 아니어야 하지 않을까? 자기 자리에서 자신만의 유일함으로 모두가 성공하는 세상이 되어야 한다. 그러기 위해서는 부모의 도움이 절실하다. 아이들 스스로 어떤 재능이 있는지 탐색하고, 그 잠재력을 발현할 수 있도록 부모가 보조 역할을 잘 해주어야 한다. 이것이 효율과 효과, 두 마리 토끼를 잡을 수 있는 방법이다.

이는 교육뿐 아니라 모든 영역에 해당하는 이야기다. 자영업의 경우도 마찬가지다. 우리나라에서는 자영업을 시작할 때 대부분 프랜차이즈의 도움을 받아서 창업하는 경우가 많다. 창업하려는 분야의 밑바닥부터 배우며 준비해도 성공이 쉽지 않다. 그런 관점에서 볼 때 프랜차이즈를 통한 창업은 마치 자기 몸에 휘발유를 뿌리고 뛰어드는 것과 같아서 상당히 위험하다. 너무 극단적인 비유 같겠지만 현실이 그렇다. 당연한 말이지만 창업하기 전에 A부터 Z까지 낱낱이 배우고 시작해야 창업 리스크, 자영업 리스크를 줄일 수 있다.

학교에서는 정해진 답을 찾아내는 일만을 반복하지만, 사회에 나오면 정답은 없고 해답만이 존재한다. 여러 가지 상황에 따른 다양한 옵션이 있는 사회에서는 암기식으로 외운 정답만으로는 살아갈 수가 없다. 그 대신 스스로 문제를 인지하고 해답을 찾아내는 능력을 길러야 한다. 바로 코어리딩 능력이 필요한 것이다.

우리는 대개 공부는 학교에서 하는 것이라고 오해한다. 사실 공부는 학교, 집, 놀이터, 일터 등 모든 곳에서 할 수 있다. 우리가 경험하고 부딪히는 모든 일, 우리가 만나고 부대끼는 모든 사람과의 관계 그 자체가 공부다. 따라서 학습 주체는 선생님이나 부모가 아닌 아이 자신이다.

영화를 보다가 우연히 알게 된 사실도 무심히 지나치면 그뿐이다. 하지만 호기심을 갖고 '왜?'라는 질문을 던지면 그때부터는 새로운 배움의 길이 열린다. 이처럼 호기심을 갖고 질문하고 그 해답을 탐구하다 보면 스스로 공부하는 법을 터득하게 된다. 자발성이 높아지고 상황을 주도적으로 이끌며 다양하게 시도하면서 도전정신이 강해진다. 그 과정에서 우리는 점점 업그레이드되는 자신을 만날 수 있다.

우리가 각본 없는 스포츠 경기에 열광하는 이유는 어떤 일이 벌어질지, 어떤 결과가 나올지 알 수 없기 때문이다. 매 순간 어떤 일이 벌어질까 기대하며 설렘과 두근거림으로 짜릿한 긴장을 느낀다. 몸은 비록 떨어져 있지만 마음은 경기장의 선수와 함께 뛰며 우리는 몰입을 경험한다.

우리 인생도 이와 같다. 어떤 시도와 도전을 할지 몰라 두근대는 삶, 어떤 잠재력을 발휘할지 몰라 기대되는 삶, 이는 모두가 꿈꾸는 삶이다. 결국에는 자기 삶을 주도적으로 고민하며 길을 찾아 나서는 이들이 이런 삶을 살게 된다. 물론 평탄하지만은 않다. 그 과정에서 예기치 않은 행운, 최악의 실패, 지혜로운 반성, 의외의 성찰, 최고의 성공을 모두 경험할 것이다. 그리고 그것을 통해 삶이 확장되는 것을 깨달을 것이다. 이로써 효율과 효과가 최적의 시너지를 내는 삶을 살아갈 터전을 단단히 다지게 된다.

성동격서 안에 세상을 읽는
핵심이 살아 숨 쉰다

'성동격서聲東擊西'는 '동쪽에서 소리를 내고 서쪽에서 적을 친다'는 뜻으로, 적을 유인해 이쪽을 공격하는 척하다가 그 반대쪽을 치는 병법을 이르는 말이다. 즉 상대를 속여 허를 치는 공격 전술로 이는 유방劉邦과 항우項羽의 이야기에서 유래한 개념이다.

영리한 기만전술에 당하지 말고 내게 이익이 되게 활용하라

한나라의 유방과 초나라의 항우가 싸우던 중에 위나라의 왕 표豹가 항우에게 항복하는 일이 일어난다. 졸지에 항우와 표에게 협공을 당하는 처지에 놓인 유방은 곤경에서 벗어나기 위해 한신韓信을 보내 위나라를 정벌하도록 했다.

그러자 위나라의 표는 백직栢直을 대장으로 삼고, 황허강黃河의 동쪽 포판蒲坂이라는 곳에 진을 치고 한나라 군대가 강을 넘지 못하도록 막았다. 이에 대해서는 사마천이 쓴 《사기史記》 중 〈회음후열전淮陰侯列傳〉에 잘 나와 있다.

사실 포판은 강가의 천연적인 지형을 이용해 만든 견고한 요새였다. 한신은 포판을 공격하는 것은 불가능하다고 판단한 후 묘안을 짜냈다. 사병들에게 낮에는 함성을 지르며 훈련하게 하고 밤에는 불을 밝혀 조만간 적을 공격할 것처럼 보이게 했다. 그러자 한나라 진영의 동태를 살펴던 백직은 한신이 무리하게 포판을 공격하려는 줄 알고 어림없는 작전이라며 코웃음만 쳤다.

한편 한신은 비밀리에 군대를 우회시켜 강의 하류 쪽에 있는 하양下揚으로 보냈다. 뗏목으로 강을 건넌 한나라 군대는 재빠르게 진군했고 허를 찔린 위 표는 손 한번 써보지 못하고 잡혀버렸다.

성동격서는 잘못 해석하면 약자가 강자에게 쓰는 전술로 오해할 수 있다. 하지만 이는 상황이 불리할 때만 사용하는 전술이 아니다. 내가 원하는 목표를 이루고자 할 때, 철저히 준비한 기만전술을 통해 상대를 속이고 결국 내가 원하는 곳을 차지하는 전략이다.

이 고사성어에 숨은 함의는 지금의 우리 일상에서도 통하는 메시지다. 특히 주식, 부동산, 채권 등 재테크에서 성동격서와 관련한 일이 많이 발생한다. 최근 유튜브와 인터넷 그리고 각종 기사를 통해 재테크 정보들이 다량으로 쏟아지고 있다. 그중에는 무책임한 주장과 잘못된 정보들도 상당하다. 성동격서가 너무 많아서 수많은 사람이 피해를 보고 있는 상황이다.

정보 홍수와 가짜 뉴스 속에서 진실을 판별하는 안목

어린아이부터 연로한 이들까지 손에 금붙이 하나씩을 들고 서 있던
풍경이 영상 속 자료 화면으로 심심찮게 나온다. 국가의 부도를 막
겠다며 국민들이 자발적으로 시작한 1997년의 '금 모으기 운동'이
다. 당시의 상황을 담은 영화 〈국가부도의 날〉을 보면 가슴 아픈 대
한민국의 민낯을 만나게 된다. 영화는 초유의 국가부도 사태가 발
생해 IMF에 경제구조 개선을 요청하게 된 내용을 고스란히 담고
있다.

그 후 1998년 5월 국내 주식 시장은 완전 개방 시대를 맞이한다.
1997년 12월 11일 외국인 투자 한도가 26퍼센트에서 50퍼센트
로 대폭 상향조정되었고, 1998년 5월 투자 한도가 완전히 폐지되
었다. 이 결과 어떤 일이 벌어졌을까? 외국인 시가보유총액은 1997
년 말 10조 7,000억 원에서 1998년 말에는 25조 9,000억 원으로
증가한 데 이어 1999년 말에는 85조 원으로 급증했다. 이후 시간
이 흘러 2010년에는 386조 원으로 증가했고, 2019년에는 593조
원이 되었다.

외국인이 투자해서 우리 돈을 모두 빼앗아갔다는 이야기를 하려
는 게 아니다. 유용한 정보가 모두에게 제대로 전달되지 못했음을

말하려는 것이다. 당시 모든 언론에서는 '대한민국 부도', '30대 기업 부도'처럼 한쪽으로 쏠린 정보들만 쏟아져 나왔다. 위기 상황을 부각하는 기사들에 파묻혀 정작 다른 활로를 모색할 대안은 찾을 생각조차 못했던 것이다.

만약 그때 우리나라 언론사 중 외국인들이 한국인들과 다른 행보를 보이고 있음을 알려주는 곳이 하나라도 있었다면 어땠을까? 외국인들이 보유한 주식 중 단 10퍼센트, 아니 5퍼센트만이라도 한국의 국민들이 장기적으로 보유할 수 있었다면? 그 결과는 지금과 사뭇 다를지도 모른다.

주도적으로 삶을 이끄는 코어리딩 능력

역사는 늘 반복된다. 역사가 반복되는 한 성동격서의 사례 역시 끊임없이 반복될 것이다. 한목소리가 시장을 지배할 때는 혹시 성동격서가 아닌가를 따지며 조심할 필요가 있다. 필터링되지 않은 무분별한 정보, 의도를 가진 가짜 뉴스가 판을 치고 있기 때문이다. 잘못된 정보에 휩쓸리면 손해를 보는 것은 바로 나 자신이기에 이럴 때일수록 진위를 판별할 수 있는 눈을 스스로 기르는 것이 중요하다. 그래야 교묘하게 거짓을 퍼뜨리는 이들에게 속지 않고 삶을 이끌어갈 수 있다. 코어리딩이 중요한 이유이기도 하다.

제4차 산업혁명의 파도가 거세게 몰아치면서 세상의 소리는 더 다양해지고 더 커지고 더 혼잡해졌다. 들리는 대로 듣지 않고, 남들이 하는 대로 따라 하지 않으려면 정보의 옥석을 구분해서 취할 줄 알아야 한다. 그렇다고 외골수가 돼라는 이야기는 아니다. 세상을 주도하는 소리, 판이 바뀌는 소리, 다수가 떠드는 소리도 경청할 필요가 있다. 그러나 그중 진실을 말하는 소수의 소리를 포착하는 것이야말로 중요한 역량이다. 세상 돌아가는 흐름을 읽되 그 안에서 보석 같은 핵심을 포착해내야 한다는 말이다.

그런데 성동격서는 외부에만 있는 것이 아니라 내 마음속에도 있다. 간혹 스스로 자신을 속이거나 진실을 회피하는 일도 일어난다. 뻔히 알면서도 엉뚱한 선택을 하기도 한다. 이런 이유로 자신의 내면에 귀를 기울이고 진실된 목소리를 찾는 것도 외부 세상에서 진실을 찾는 것만큼이나 중요하다.

딴지걸기 방식으로 진실에 다가서기

나는 '딴지걸기'라는 방식으로 신문을 보곤 한다. 이는 성동격서에 빠지지 않는 아주 좋은 리딩 방식이다.

'금리인상으로 고소득층 195만 원 손실… 저소득층의 18배'라는 제목의 기사가 있다. 신문 내용을 들여다보면 코로나 때 고소득층은 빚투가 많아 소득 5분위 대출이 예금의 3.7배로 1분위 2배보다 훨씬 높았다. 이 때문에 2021년 7월 이후 금리인상으로 인한 손실

1년간 금리 상승에 따른 계층별 손실액 (단위=원)

구분	예·적금 수익 증가 (예·적금 규모)	대출 이자 지출 증가 (대출금 규모)	손실액 (수익 증가 - 지출 증가)
저소득층(소득 1분위)	16만 1,000(848만)	26만 8,000(1,754만 6,000)	10만 7,000
중산층(소득 2~4분위)	45만 8,000(2,410만 7,000)	167만 4,000(1억 941만)	121만 6,000
고소득층(소득 5분위)	105만 5,000(7,621만 6,000)	301만 1,000(2억 4,940만)	195만 6,000

*자료 : 통계청 가계금융복지조사 한국은행 금융기관 가중평균 금리

이 고소득층은 195만 원으로 중산층의 1.6배에 달하며, 저소득층의 손실은 11만 원에 그쳤다는 내용이다. 물론 수치는 팩트라 해도 현실적 맥락을 고려한 해석은 사뭇 달라질 수 있다. 그러니 여기서 딴지를 걸어보자. 정말 고소득층이 가장 큰 손실을 봤을까?

딴지를 걸기 위해 해당 기사를 좀 더 자세히 살펴보자.

예·적금 운용 규모가 7,600만 원이나 되는 고소득자 A씨는 은행들이 예·적금 금리를 인상할 것이라는 뉴스가 달갑지 않다. 기준금리 인상에 따른 예·적금 금리 인상 소식은 대출 금리가 덩달아 뛴다는 것을 의미하기 때문이다. A씨는 부동산·주식 투자 등을 위해 대출한 돈이 2억 5,000만 원에 달해 대출 금리 상승에 따른 부담이 훨씬 크다. 만약 A씨의 예·적금 납입액이 향후 1년간 꾸준히 유지된다고 가정하면 예·적금 금리 상승 1.9퍼센트 포인트에 따른 연간 기대수익 증가액은 144만 8,000원에 그친다. 같은 방식으로 대출 액수가 그대로 유지됐을 때 연간 대출 이자 부담액 증가

분 1.53퍼센트포인트은 381만 6,000원에 이른다. 수익과 이자 부담 증가액을 합하면 금리 상승에 따라 236만 8,000원의 손실을 보는 셈이다. 반면 저소득자인 B씨는 금리 인상 소식에 큰 관심을 두지 않고 있다. B씨의 예·적금 가입액은 848만 원, 부채는 1,754만 6,000원이다. 같은 방식으로 계산하면 B씨의 예·적금 수익 증가액은 16만 1,000원, 이자 부담 증가액은 26만 8,000원이며 연간 손해액은 10만여 원이다. 금리가 인상되면서 고소득 가구의 이자 손실액이 저소득 가구의 20배에 달하는 것으로 조사됐다. 저금리 시대에 소득이 높을수록 자산 투자에 적극 나서면서 대출 수요가 높고, 높은 신용도를 바탕으로 대출을 받는 것도 수월해 부채 액수가 많았던 결과다. "금리인상으로 고소득층 195만 원 손실…저소득층의 18배", 문재용 기자, <매일경제>, 2022.09.18.

고소득자 급여 1,000만 원, 중소득자 급여 500만 원, 저소득자 급여 200만 원이라고 가정을 해보자. 고소득자의 급여 1,000만 원을 기준으로 1,000만 원에서 195만 6,000원을 빼면 804만 4,000원이 남게 된다. 소득 대비 19.56퍼센트에 해당하는 액수다. 중소득자는 500만 원에서 121만 6,000원을 빼면 378만 4,000원이 남는다. 소득 대비 24.32퍼센트다. 저소득자는 200만 원에서 10만 7,000원을 빼면 189만 3,000원이다. 소득 대비 5.3퍼센트다.

소득에 따라서 조건은 달라지지만 중소득자가 가장 높은 24퍼센트, 고소득자 19.56퍼센트, 저소득자 5.3퍼센트다. 수치만 보면 신문 기사대로 저소득자가 손실 비율이 가장 적을 수 있다.

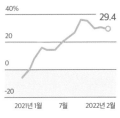

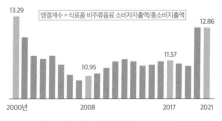

수입물가 상승률

40%
                              29.4
20

0

-20

2021년 1월   7월   2022년 2월

*전년 동일 대비 *자료 : 한국은행

엥겔계수 추이(단위: %)

13.29

엥겔계수 = 식료품 비주류음료 소비자지출액/총소비지출액

10.95   11.57   12.86

2000년   2008   2017   2021

*자료 : 한국은행, 국민계정을 이용한 현대경제연구원 분석

그런데 여기서 질문이 생긴다. 경제적 여유가 있는 사람의 소득이
줄어드는 것과 경제적 여유가 없는 사람의 소득이 줄어드는 것이 과
연 같겠느냐 하는 것이다. 804만 원을 버는 고소득자와 189만 원을
버는 저소득자 중 대출금이 차지하는 비율은 고소득자가 높았다.
하지만 엥겔계수 측면에서 해석하면 저소득자에게 훨씬 더 부담이
가중되는 것을 알 수 있다.

금리인상 시기 엥겔계수가 차지하는 비중이 2017년 대비 2021
년에 1.19퍼센트 더 올라간 것을 알 수 있다. 즉 식료품 비중이 총
소비금액에서 차지하는 비중이 높아지고 금리인상분 이자까지 나
가면 가처분소득이 훨씬 줄어든다. 결국 저소득자가 피부로 느끼는
어려움은 더 가중된다. 수치로 보는 피상적 현실과 그 이면의 진실
이 사뭇 다름을 알 수 있다.

기사 내용을 곧이곧대로 받아들이면 실제 상황을 제대로 인식하
지 못하는 우를 범하게 된다. 어디에 관점을 두느냐, 무엇을 더 강조

하느냐에 따라 같은 내용도 완전히 달라지기 때문이다. 게다가 신문사별로 대변하는 구독자가 달라서 그들의 눈을 의식하지 않을 수 없을 터다. 간혹 정치적 편향성 때문에 의도적으로 편중된 기사를 쓰기도 한다. 이처럼 신문이나 뉴스, 유튜브 영상 등 미디어가 쏟아내는 대로 자료를 받아들이면 엉뚱한 결론이 나올 수 있다.

성동격서는 옛이야기 속에만 존재하는 고리타분한 가르침이 아니다. 지금 우리 삶 곳곳의 다양한 분야에서 일어나는 일과 밀접한 관련이 있다. 필요한 정보와 불필요한 정보를 필터링하는 능력, 그럴싸한 속임수 뒤에 자리한 진실이 무엇인지 찾아내는 안목이야말로 코어리딩의 핵심이다.

Chapter 2

코어리딩,
한 줄 핵심 읽기로
인생을 바꾸는
기적의 독서법

지금 우리에게
코어리딩이 필요한 이유

"내가 원하는 일을 하고 있는가? 만약 오늘이 내 인생의 마지막 날이라 해도 오늘 내가 하려는 일을 할 것인가?" 스티브 잡스는 아침마다 거울을 보며 이런 질문을 던졌다고 한다. 이러한 자신의 아침 루틴에 대해 그는 MIT 대학 강연에서 자세히 설명한 바 있다. 잡스는 왜 매일 아침 같은 일을 했던 것일까? 그는 자기 삶의 목적과 이유에 대해 끊임없이 질문을 던지며 인생에 대해 자각하기 위해서였다고 설명한다. 즉 자신이 직면한 문제의 핵심을 간파하기 위해 매일 질문을 던지고 스스로 그 답을 찾기 위해 하루하루를 꾸려갔다. 자기 삶의 핵심을 읽는 코어리딩을 매일 실천한 셈이다.

이뿐 아니다. 그는 누구보다 인문학의 중요성을 강조한 사람 중한 명으로 인문철학서를 깊이 탐독한 것으로도 잘 알려져 있다. 특히 소크라테스를 매우 존경해서 그의 '산파술産婆術'을 기업 경영을 하는 데는 물론 자기 삶에도 적용했다. 산파술이란 무엇일까? 질문을 던지고 그 질문에 답하는 과정을 통해 자기 생각의 허점이나 오류, 불명확성을 스스로 깨닫는 대화법이다. 집요하게 질문하면서 점점 본질에 다가가게 만드는 철학 기술인데, 이것은 책 읽기는 물론 우리 삶의 문제들을 해결하는 데도 얼마든지 적용할 수 있다.

잡스는 스스로 질문하고 답하는 과정에서 비판적 사고와 창의적 사고를 하며 사색의 깊이를 더했다. 또한 일과 인생에서 놓치지 말아야 할 핵심이 무엇인지를 매일 되새겼으며, 핵심을 제대로 읽어냄으로써 성취를 이루었다. 그가 애플이라는 회사를 창업해 독보적 자리에 올려놓은 데는 이러한 그의 습관이 자리하고 있다.

이처럼 코어리딩은 자기 역량을 극대화하고 삶에서 성취를 이루는 데 필요한 가장 핵심적인 도구다. 여기서는 코어리딩이란 무엇인지 알아보고 특히 책 읽기와 관련한 코어리딩에 대해 전반적으로 살펴보고자 한다. 나아가 왜 지금 우리에게 코어리딩이 필요한지 그 이유도 알아볼 것이다.

코어리딩이란 무엇인가?

코어리딩은 '핵심본질'을 읽어내는 것이다. 사전에서는 코어 Core를 사과 같은 과일의 속, 사물의 중심부, 핵심적인, 가장 중요한, 심적인 중심, 신조, 가치, 원칙 등으로 정의한다. 다시 말해 과일의 씨앗

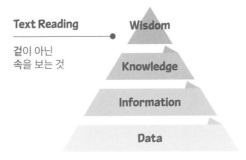

Core-Reading

Text Reading
겉이 아닌
속을 보는 것

Wisdom

Knowledge

Information

Data

처럼 즉 가장 핵심적인 동시에 가장 본질적인 것을 일컫는다. 그 본질이 있어야 그 안에서 다른 것들이 파생될 수 있다. 사과 속 씨앗에 어마어마한 에너지가 들어 있고 그곳에서 생명이 잉태되어 새로운 열매를 맺는 것처럼 말이다. 핵심을 알게 되면 놀라운 에너지가 생기고 삶이 달라지는 동시에 확장되는 것도 이런 이유 때문이다.

문제를 해결하고, 변화를 가져오고, 성과를 창출하는 데 있어 중요한 역량은 코어리딩이다. 피상적인 현상만을 보는 것은 단순한 리딩에 불과하다. 반면 코어리딩은 다양한 정보들 중 나에게 필요한 핵심 포인트를 추출하고, 그것에서 지혜와 통찰을 얻는다.

이때 필요한 것이 '가설사고假設思考'다. 우치다 카즈나리 Uchida Kazunari가 쓴 《가설이 무기가 된다》에는 가설사고에 대한 아주 쉽고 명확한 설명이 담겨 있다. "가설이란 정보 수집이나 분석 작업을 시작하기 전에 미리 생각해두는 '임의의 해답'이다. 그리고 가설사고란 정보가 적은 단계에서부터 항상 문제의 전체 像^{이나} 결론을 생각해두는 사고 패턴 또는 습관이다." 시작 전에 미리 생각해두는 임의의 해답이라는 표현이 코어리딩에서 소개하는 가설사고와 일맥상통한다.

무엇보다 자료가 방대하고 생각할 재료들이 많아지면 사람들은 오히려 혼란에 빠진다. 무엇을 골라야 할지 모르기 때문이다. 이럴 때 가설사고를 하면 범위를 좁힐 수 있고, 나에게 필요한 정보를 추출하는 시간과 에너지를 상당히 단축할 수 있어 도움이 된다.

왜 코어리딩이어야 할까?

몸의 건강을 위해 플랭크 동작을 하면 좋다는 이야기는 다들 알고 있을 터다. 많은 이들이 기본 동작을 4~5분씩 오래 유지하려 애쓴다. 하지만 무조건 오랜 시간 한다고 해서 효과가 있지는 않다. 스포츠 과학자들이 데이터를 뽑아보니 30초씩 여러 번 반복하고 왼발이나 오른발을 들어 올리며 동작을 바꿔주는 것이 코어 근육 단련에는 오히려 도움이 되는 것으로 나타났다. 무작정 오래 버티는 것보나 짧은 시간 코어에 집중하는 게 중요하다는 뜻이다.

코어리딩의 원리도 이와 같다. 책을 펼치면 진득하게 앉아서 처음부터 끝까지 다 읽어야 한다는 강박 혹은 무작정 많은 책을 읽으면 좋다는 착각에서 벗어나야 한다. 중요한 것은 오래, 많이 읽는 것이 아니다. 핵심을 정확하게 파악하고 내 삶에 도움이 되는 메시지를 빠르게 찾아내는 것이 중요하다. 그것을 실제 삶에 적용해 실천할 수 있다면 더할 나위 없다.

코어 운동을 하면 몸의 중심부 근육이 단련되어 바른 자세와 신체적 건강을 유지하는 데 큰 도움이 된다. 신체 능력과 운동 능력이 향상되어 건강해질 뿐 아니라 삶의 질도 올라간다. 이런 이유로 여러 운동 중에서도 유독 코어 운동이 중요하게 여겨진다. 몸에서 코어를 찾자면 등, 복부, 엉덩이, 골반 등이 될 것이고 코어 운동이라 하면 허리 및 복부 강화 운동을 일컫는다.

코어를 알고 운동하는 것과 아닌 것은 차이가 어마어마하다. 앞서 예로 든 플랭크만 해도 그렇다. 몸을 이루는 근육을 이해하고 코어 근육이 무엇인지 왜 중요한지 알면 플랭크 자세가 달라지고 효과도 올라간다. 코어가 강화되면 전체적인 신체 능력과 에너지가 향상되어 다른 운동을 습득하고 수행하는 능력도 함께 좋아진다. 신체가 건강해지니 삶의 활력이 도는 것은 당연한 일이다. 반면 잘못된 자세로 운동하면 효과가 없을뿐더러 오히려 부상을 입기도 한다. 운동을 안 하느니만 못하다.

책 읽기도 마찬가지다. 책 읽기뿐 아니라 실상 세상 모든 일이 그렇다. 어떤 일이든 핵심을 제대로 파악하고 실행하는 것과 무턱대고 덤벼드는 것은 과정에서도 결과에서도 상당한 차이를 가져온다. 책 읽기를 부담스러워하며 외면하거나, 잘못된 독서법 때문에 많은 시간을 책 읽기에 할애하지만 전혀 도움받지 못하는 이들이 많다.

코어리딩은 이런 이들에게 효과적이며 효율적인 책 읽기 방법이 될 것이다.

챕터 2에서는 책 읽기를 중심으로 코어리딩을 살피려 한다. 하지만 사실 코어리딩은 인생 전체로 확장할 수 있는 도구다. 책이든 사람이든 일이든 세상의 흐름이든 무엇이든 간에 핵심을 바르게 그리고 빠르게 읽어내는 것은 중요한 일이다. 그것을 통해 나를 한층 업그레이드하고 더 나은 삶으로 나아갈 수 있기 때문이다.

지금 우리는 미래를 향해 빠른 속도로 변화하는 디지털 문명 시대에 살고 있다. 정보는 넘쳐나고 우리가 배우고 알아야 할 것은 많은데 왠지 혼자만 뒤처지는 느낌이다. 어디 그뿐인가. 온라인의 발전으로 원격근무, 원격수업이 보편화되고 있으며 인공지능 로봇이 사람들의 일자리를 대신한다. 더구나 지금 2030세대의 수명은 평균 100세이며 우리나라의 고령화는 이미 시작됐다. 원치 않아도 우리는 오래도록 살아야 하며 필연적으로 여러 가지 직업을 가져야만 한다. 오래 사는 대신 그만큼의 경제적 능력도 요구된다는 뜻이다.

이처럼 예측 불가능한 혼란의 시대를 살기 위해 무엇보다 우리에게 필요한 것은 자신에게 필요한 것을 빠르고 정확하게 얻는 능력이다. 코어리딩을 통해 핵심, 즉 본질을 꿰뚫는 역량이 강화된다면 삶은 한층 더 발전할 것이다.

코어리딩의
출발점은 호기심이다

어떤 것에 대해 제대로 이해하고자 하면 미리 검토함으로써 아는 것과 모르는 것을 구분하는 것이 필요하다. 앞서 메타인지를 언급했는데 그것과 같은 의미다. 모르는 것이 무엇인지 알아야 궁금증이 생긴다. 이 궁금증의 바탕은 바로 호기심이다. 새롭고 신기한 것을 알고 싶은 마음, 이것이 있어야 질문이 나온다. 이처럼 우리를 발전하게 하는 것은 바로 호기심과 질문이다.

호기심이라는 에너지가 더 큰 세계를 선물한다

프리츠커상을 수상한 안도 다다오Ando Tadao는 산업 자본의 지원을 가장 많이 받는 세계적인 건축가다. 그의 명성으로만 보자면 유명한 건축대학을 나와 엘리트 코스를 밟으며 세계적인 건축가가 되었으리라 짐작된다. 하지만 그의 이력은 매우 남다르다. 그는 원래 복싱선수였다. 복싱에 재능이 없음을 깨닫고 막노동 일을 하던 어느 날 현대 건축의 아버지라 불리는 르코르뷔지에 Le Corbusier의 작품을 책으로 접한다. 그리고 새로운 꿈을 꾸게 된다. 건축이라는 낯선 세계가 그의 호기심을 자극하고 열정을 일깨운 것이다.

안도 다다오는 무작정 열차를 타고 르코르뷔지에를 찾아가지만 그는 이미 죽은 뒤였다. 그러나 르코르뷔지에가 남긴 건축물 '노트르담 뒤 오Notre Dame du Haut' 즉 롱샹성당을 보고 다다오는 또다시 새로운 깨달음을 얻는다. '빛을 이용하는 것만으로도 건축이 될 수 있다'는 사실을 말이다.

이후 안도 다다오는 유럽 전역을 돌며 건축 여행을 하고 독학으로 건축에 대한 지식과 철학을 쌓아나간다. 그런 과정 속에서 물, 돌, 나무, 빛, 하늘, 바람 등 자연과 건축이 함께 호흡하는 안도 다다오만의 건축 미학이 만들어진다. 건축에 대한 기초적인 지식조차 없던 그가 이처럼 놀랍고도 남다른 미학과 예술적 관점을 가질 수 있었던 이유는 무엇일까? 아마도 다른 이들이 건축가가 되기 위해 밟는 정형적인 루트를 밟지 않았기 때문일 터다. 그런 이유로 '남들처럼'이 아니라 '남들과 다른' 자신만의 건축 세계를 펼칠 수 있었다.

정답이 아닌 질문을 통해 새로운 관점을 갖다

끊임없는 질문과 토론으로 이뤄진 유대인들의 하브루타Havruta 학습법은 단단한 사유와 창의력의 근간으로 유명하다. 그래서인지 예술, 과학, 정치, 경제 등 분야를 막론하고 세계를 리드하는 인물 중 유대인이 무려 22퍼센트를 차지한다. 알베르트 아인슈타인, 지그문트 프로이트, 스티븐 스필버그, 빌 게이츠, 스티브 잡스, 래리 페이지, 마크 저커버그, 헬리 키신저, 앨런 그린스펀, 유발 하라리 등이 대표적인 인물이다.

"학교 수업을 마치면 대부분의 어머니는 아이들에게 이렇게 묻는다. '오늘 학교에서 무엇을 배웠니?' 하지만 내 어머니는 다른 것을 물었다. '오늘은 선생님께 어떤 좋은 질문을 했니?' 바로 이것이 나를 과학자로 만들었다." 유대인 노벨 물리학상 수상자인 이시도어 라비Isidor Rabi의 말이다. 수동적 지식의 습득이 아니라 능동적 지식 탐구가 얼마나 중요한지가 선명하게 드러난 대목이다.

미국 뉴욕에 자리한 세인트존스대학은 4년 동안 인문고전 100권을 읽게 하는 등 독특한 교육법으로 잘 알려진 곳이다. 그중에서도 유클리드의 《기하학원론》을 강의할 때는 그 시작이 남다르다. 이 수업은 대개 다음과 같은 질문으로 시작된다고 한다. "유클리드의 정의 3번 '선의 양 끝은 점이다'. 이에 동의하는가?" 아마 책에 나온 내용이니 당연히 '맞겠지'라고 생각하는 사람들이 많을 것이다. 하지만 세인트존스에서는 당연하다고 여겨지는 것에 의문을 제기

함으로써 전혀 다른 관점을 갖도록 유도한다. 정답을 찾는 게 목적인 교육법이 아니라 질문을 통해 스스로 진리에 다가서게 하는 교육법이다.

2013년 당시 20대 청년이었던 라파엘 일리샤예프와 야커 골라가 고퍼프라는 회사를 창업한 계기 역시 질문에서 시작됐다. 필라델피아에 있는 드렉셀대학에 다니던 두 친구는 물담배를 피우며 놀거나 편의점을 들락거리며 밤을 새던 평범한 학생이었다. 그러나 그들의 코어리딩 능력만큼은 평범하지 않았다.

평상시처럼 친구들과 어울려 놀던 라파엘과 야커는 문득 이런 궁금증이 들었다고 한다. "왜 편의점은 배달 서비스를 하지 않는 거지? 30분 이내에 물건을 배달해주는 편의점이 있다면 우리 같은 사람들에겐 정말 매력적일 텐데 말야."

이렇게 평범한 일상을 깨는 호기심과 질문에서 시작된 그들의 아이디어는 예상 외의 성과를 거두었다. 2013년도에 둘이 시작한 이 회사는 2019년 2억 5,000만 달러가 넘는 매출을 기록했으며, 같은 해에 소프트뱅크로부터 7억 5,000만 달러를 투자받았다. 2022년에는 디즈니의 전 CEO 밥 아이거가 고퍼프에 투자하면서 고문으로 합류했다.

이처럼 작은 호기심, 거기서 비롯된 질문은 평범하게 흘러가던 일상에 파문을 일으킨다. 이전과는 다른 관점으로 세상을 보게 하고 이전과는 다른 방식으로 세상을 살아가게 한다.

코어 퀘스천은 코어리딩의 핵심이다

코어리딩에서 가장 중요한 것은 코어 퀘스천핵심 질문을 하는 것이다. 그렇다면 그냥 질문과 핵심 질문, 즉 퀘스천과 코어 퀘스천에는 어떤 차이가 있을까? 먼저 코어 퀘스천은 다음의 3가지 사이클을 통해 만들어진다.

▶ **코어 퀘스천의 사이클을 만드는 3가지**

- **호기심** : 호기심이 사라지면 적당히 하게 되고 프로페셔널의 경지에 이르지 못한다. 호기심이 있어야 설렘이 생기고 설렘은 그것을 파고들게 만든다.
- **호기심을 토대로 한 질문** : 호기심을 가진 상태로 질문하면 좀더 예리해지고 귀를 기울여 듣게 된다.
- **관점** viewpoint : 호기심을 갖고 질문하면서 나만의 생각 뼈대가 만들어진다.

이 3가지 사이클이 잘 돌아갈 때 비로소 코어 퀘스천을 할 수 있다. 핵심을 아는 것은 본질을 아는 것이고, 본질을 안다는 것은 겉이 아닌 속을 이해하는 것이다.

▶ 코어 퀘스천을 통해 남들이 보지 못하는 것을 본다

같은 곳으로 해외여행을 가도 사진만 찍고 오는 사람이 있는가 하면 남과는 다른 풍경을 보고 오는 사람도 있다. 로마의 바티칸성당에는 신이 내린 천재 예술가 미켈란젤로 부오나로티의 '피에타'가 전시돼 있다. 누군가는 로마 여행에서 빼놓을 수 없는 필수 코스려니, 그저 유명한 조각상이려니 하고 조각상 외관만 보는 데서 끝날 수도 있다.

하지만 코어리딩을 하는 사람이라면 분명 다른 관점으로 그 조각상을 볼 것이다. 호기심이 생기고 거기서 질문이 생성되기 때문이다. '왜 아들인 예수가 마리아보다 작은 체구로 만들어졌을까?' '마리아의 얼굴이 젊게 표현된 이유는 뭐지?' '미켈란젤로라는 조각가는 조각이라는 행위를 통해 무엇을 구현하고자 한 것일까?' 이런 식의 질문을 던지고 그에 대한 해답을 찾아가면서 자신만의 관점과 통찰이 생겨난다.

피에타에서 예수의 몸이 작게 보이는 것은 조각상을 바라보는 시선 때문이다. 미켈란젤로는 정면에서 바라보는 '사람의 시선'이 아니라 위에서 내려다보는 '신의 시선'에 중점을 두고 예수와 마리아를 조각했다. 그런 이유로 피에타는 부감숏으로 봐야지만 비로소 예수와 마리아 몸의 비율이 제대로 보인다. 작가가 자신의 조각품이 어떤 시선으로 보여지길 원했는지 알 수 있는 대목이다.

그뿐 아니다. 미켈란젤로라는 작가에 대해 미리 공부를 하고 간다면 분명 더 많은 것들을 느낄 수 있다. 미켈란젤로는 "나는 조각을 하는 것이 아니라 돌 안에 숨어 있는 형상을 꺼내줄 뿐이다."라는 말을 했다. 그에게 조각은 돌 속에 영혼을 불어넣는 과정이었기에 평생 완벽한 돌을 찾아 헤맸다. 피에타를 작업할 때는 돌을 캐내고 운반하는 과정에만 9개월 이상이 걸렸다고 한다.

이러한 스토리를 모르고서 그의 작품을 본다면 그것은 그저 유명하고 아름다운 조각상 정도에 머무를지도 모른다. 하지만 미켈란젤로라는 작가 개인의 스토리, 그가 작품의 재료를 구하는 태도, 작품에 얽힌 비화 등을 알고 간다면 같은 조각상도 전혀 다른 관점으로 보게 된다. 알면 알수록 궁금한 것들이 더 늘어나게 마련이다. 즉 코어 퀘스천을 하게 되는 것이다.

코어리딩을 알면 인생이 달라진다

안도 다다오는 건축학의 아버지 르코르뷔지에를 만나고자 했으나 그를 만나지 못했다. 어쩌면 아이러니하게도 그를 만나지 못한 것이 다다오의 코어리딩을 더욱 강화했는지도 모를 일이다. 만일 르코르뷔지에를 만나 원하는 답을 들었다면 그가 제시한 답 안에 갇혔을지도 모르니 말이다. 스스로 답을 찾아야 했던 안도 다다오는 상상을 통해 자신만의 가설을 세우고, 참신한 실험을 하면서 독창적인 건축 개념과 프로토타입을 만들어냈다.

호기심이라는 에너지가 있는 사람들은 잘될 수밖에 없다. 그래서

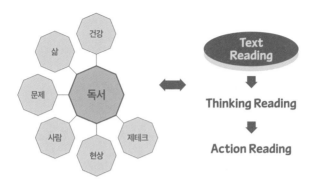

나는 '연금보다 더 소중한 것이 호기심'이라고 강조한다. 투자의 귀재이자 세계적인 부호인 워런 버핏이 투자에 성공한 것도 투자에 대한 끊임없는 호기심 때문이다. 사실 그는 부모로부터 유산을 한 푼도 받지 않았다. 하지만 아버지에게서 열 살 때부터 주식을 배웠고, 서른한 살의 나이에 이미 백만장자의 대열에 들어섰다.

그는 어린 시절에도 이미 남달랐다. 콜라를 매입해서 팔거나 경마 예상 결과를 게재하는 신문을 판매하는 등 상업적인 재능을 발휘했다. 이는 타고난 재능이 아니라 '어떻게 하면 돈을 벌 수 있을까'에 대해 스스로에게 끊임없이 질문한 결과 탄생한 재능이다.

주식투자에 흥미가 있었던 버핏은 벤저민 그레이엄을 동경했고, 그에게서 주식투자의 핵심을 배우고 싶어 했다. 콜롬비아대학에서 MBA를 취득한 후에는 몇 번이나 벤저민 그레이엄을 찾아갔고, 결국 그의 밑에서 일하게 되었다. 이런 식의 코어 퀘스천이 그를 세계 최고의 부자로 만들었다고 해도 과언이 아니다.

에너지 넘치는 그의 호기심, 끊임없는 코어 퀘스천은 나이가 들어도 사그라들지 않는다. '10년 후에는 어떤 산업 분야가 부상하고 어떤 기업이 세상을 리드할까?' 버핏은 하루에도 몇 시간씩 이런 것들을 파악하기 위해 질문하고 탐구하면서 숨은 보석을 찾아낸다. 그 덕분에 모두가 돈을 잃는 주식 시장에서 수십 년을 살아남을 수 있었다.

이처럼 코어리딩에서 가장 중요한 것은 호기심이다. 평범한 아웃풋을 내는 사람들은 호기심이 사라진 상태에서 뻔한 질문을 한다. 그러나 비범한 아웃풋을 내는 사람들은 다르다. 남들이 생각지 못하는 질문을 하고 그 답을 찾아가는 과정에서 전혀 새로운 관점을 얻는다.

이런 의미에서 보자면 코어리딩은 단순한 독서법이 아니라 '생각법'이라 할 수 있다. 텍스트 리딩에서 시작해 씽킹 리딩으로 그다음엔 액션 리딩으로 점차 확장이 가능하다. 코어리딩은 그 의미를 확장해 삶, 건강, 현상, 관계, 심리, 재테크, 일 등 우리 삶 모든 영역에 적용할 수 있다.

인풋과 아웃풋은
동반 성장의 관계

코어리딩은 효과적인 책 읽기의 한 방법이다. 다시 말해 책에서 말하고자 하는 본질을 파악하는 방법이다. 코어리딩을 단순하게 정리하자면 이렇게 말할 수 있다. "자신의 문제해결을 위한 핵심을 책에서 3시간 안에 찾고, 읽고, 정리하는 방법이다."

이것을 조금 풀어서 설명하자. 여기서 말하는 문제는 다양하게 적용할 수 있다. 사람일 수도 있고, 돈 버는 방법일 수도 있다. 건강, 일, 관계 등등 무엇이라도 가능하다. 3시간도 역시 상징적인 의미다. 30분이어도 좋고, 3일이어도 좋다. 자신의 문제를 해결하기 위해 효율적으로 핵심을 찾아서 읽고 실행함으로써 최대의 효과를 누린다는 의미로 이해하면 된다.

100권의 책을 읽어도 아무 깨달음이 없다면 무의미하다. 하지만 단 한 권을 읽어도 거기서 삶을 변화시키는 한 줄을 얻을 수 있다면

100권, 1,000권, 1만 권을 읽은 것보다 가치 있다.

세상 모든 일이 그렇다. 핵심을 파악하지 못한 채 열심히 일한다고 승진하거나 부자가 되지는 않는다. 열심히 하는 것보다는 잘하는 것이 중요하다. 많이 하는 것보다는 제대로 하는 것이 중요하다. 따라서 중요한 것은 핵심을 파악하는 것이다. 이제부터 그 구체적인 방법들을 살펴보자.

효율과 효과의 강점을 결합해 시너지를 내라

효율과 효과는 'Efficere'라는 라틴어에서 유래하며 그 뿌리가 같다. 효율Efficiency은 일을 완수하는 과정의 뛰어난 정도를 일컫는다. 반면 효과Effect는 결과목적 달성의 뛰어난 정도를 의미한다. 이 둘은 마치 동전의 앞면과 뒷면처럼 서로 떼려야 뗄 수 없는 관계다. 효율을 높이기 위해 효과를 포기하거나 효과를 높이기 위해 효율을 포기할 필요가 없다는 뜻이다.

어떤 일에 있어 결과만 우선시하다가는 과정의 의미와 소중함을 잃어버린다. 한 주 업무를 이틀 만에 끝냈지만 성과는 좋지 않았다. 혹은 1달에 10권의 책을 읽었으나 지식도 감동도 얻지 못했다. 그렇다면 효율만 있을 뿐 효과가 없는 것이다. 어느 시점에는 효율이든 효과든 한쪽에 무게 중심을 둘 수밖에 없다. 그러나 궁극적으로는 이 둘의 강점이 결합되어야만 지속적인 성과 창출이 가능하다.

따라서 독서에 있어서의 코어리딩은 '효율적인 과정을 기반으로 자신의 문제해결에 집중하는 효과적인 책 읽기'라 할 수 있다. 책 읽기의 효과, 즉 결과의 뛰어난 정도는 '자신의 문제를 얼마나 잘 해결했는가?'로 결정된다. 효율과 효과의 강점이 결합해 최고의 아웃풋을 내는 것이다.

개념설계 역량이 탁월하면 효과와 효율이 높아진다

우리나라에서는 엄청난 비용을 지불하면서 건축물의 설계를 해외에 맡기는 경우가 많다. 그 이유는 아직 우리나라는 건축의 개념설계 역량이 부족하기 때문이다. 비유하자면 식당의 핵심 레시피 혹은 반도체 산업에서 초격차를 만드는 기술력이다. 개념설계 역량이 풍부해지면 다른 이들과는 비교할 수 없는 큰 차이를 만들어낼 수 있다.

세계에서 여섯 번째로 높은 건물인 123층의 롯데월드타워를 예로 들어 설명해보자. 토목, 건축, 구조 등 설계 분야에 영국, 미국 기업이 참여했다. 토목설계는 영국 기업 에이럽이 맡았고, 건축설계는 미국의 초고층 전문 건축설계 체인 기업인 KPF가 맡았다. 건물의 구조설계는 미국의 LERA 사가 맡았고 미국 TT 사가 이를 검증했다. 높은 건물을 지을 때 건물이 바람에 흔들리지 않도록 하는 풍동 기술은 캐나다의 RWDI 사가, 커튼월은 일본 기업 릭실이, 이에 대한 컨설팅은 미국 기업 CDC가 맡았다.

이처럼 초고층 건물인 롯데월드타워의 건축 및 토목설계 등 주요 공정에 쓰인 기술 대부분이 국내 회사가 아닌 외국 회사의 것이다. 이에 대해 아쉬움의 목소리가 있지만 국내 회사 중에는 이런 초고층 건물을 짓는 노하우가 풍부한 회사가 없어 어쩔 수 없었다. 이러한 한계를 뛰어넘으려면 건축의 개념설계 역량을 쌓아야만 한다.

이는 건축에만 국한된 문제가 아니다. 개념설계 역량은 개인에게도 절대적으로 필요한 역량이다. 개념설계 역량이 뛰어난 사람은 문제를 효율적으로 해결해 탁월한 효과를 선보일 수 있다. 문제는 개념설계 역량이 하루아침에 쌓아 올릴 수 있는 것이 아니란 점이다. 하지만 어렵게 생각할 것도 없다. 내가 지금 직면한 문제가 무엇인지 파악하고, 어떻게 해결해나가야 할지 질문하고, 그에 대한 답을 찾아나가는 과정에 최선을 다하면 된다. 그것을 조금씩, 꾸준히 반복하다 보면 개념설계 역량은 저절로 쌓인다.

지속가능한 아웃풋을 내라

개그맨 고명환 씨는 드라마를 찍다가 교통사고를 당한 뒤 청천벽력 같은 이야기를 듣는다. 이틀 안에 죽을 수도 있다는 말이었다. 그런 고통을 겪은 이후 그는 이전과는 완전히 다른 삶을 살게 된다. 하고 싶은 것을 하자는 생각에 뮤지컬에 도전하고, 강의도 하고 있으며,

메밀국수 가게 사장으로도 열심이다. 그는 코어리딩을 통해 인생의 대전환을 가져온 사람 중 한 명이다.

고명환 씨는 이런 이야기를 했다. "집에서 책을 읽던 어느 날 서재에 꽂혀 있는 책을 세어보니 1,200권 남짓이더군요. 그중 처음부터 끝까지 읽은 책이 1,000여 권이었어요. 이렇게 책을 많이 읽었는데 '나는 책을 읽고 뭘 했나'라는 생각이 들더군요." 즉 인풋은 1,000권이었지만 아웃풋은 제로였던 셈이다.

그는 '책을 읽지만 말고 책이 시키는 대로 살아보자'라고 마음먹고 책이 시키는 대로 실행해보기로 했다. 여기서 책이 시키는 대로 실행했다는 것은 아무 생각 없이 따랐다는 의미가 아니다. 필터링을 통해서 핵심을 찾아내고 그것을 자신에게 맞도록 적용했다는 의미다. 다시 말해 창조적 활용을 통한 아웃풋을 내기로 한 것이다.

그는 교통사고를 당한 후 두 번째 생명을 얻었다는 생각에 삶의 에너지 방향을 완전히 바꾸었다. 덕분에 네 차례의 사업 실패를 겪고 다섯 번째 사업으로 시작한 메밀국수 가게는 성공으로 이끌 수 있었다. 먼저 그는 책에서 다섯 번째 사업의 아이디어를 찾고자 했다. 처음 그에게 영감을 준 책은《일본 디플레이션의 진실》이다. 이 책을 읽고 '메밀국수'라는 아이템을 찾아낸다. 물론 이 책에는 메밀국수 이야기가 전혀 나오지 않는다. 그럼 그는 그 책을 읽고 어떻게 메밀국수라는 메뉴를 찾아낸 것일까?

바로 거대한 빅 데이터를 토대로 자신의 문제를 해결할 핵심적 비전을 찾아냈다. "일본처럼 한국도 저출산 고령화 문제가 심각해질 거라고 봤어요. 나이 드신 분들은 건강한 먹거리를 계속 찾을 거란 확신도 생겼고요. 그래서 '메밀국수'로 메뉴를 결정했습니다." 일본 사람들이 소바를 즐겨 먹는 것처럼 한국에서도 건강한 먹거리가 대세가 될 것임을 읽어낸 것이다.

그다음 영감을 얻은 책은 《보랏빛 소가 온다》다. "내 입으로 말고 고객들이 말하도록 하라."라는 문구를 장사에 바로 적용했다고 한다. 그중 하나가 4시부터 5시까지 브레이크타임을 갖고 무료로 바리스타, 다이어트, 작사 강의를 한 것이다. 지역 온라인 카페에 강의 후기와 함께 메밀국수가 맛있다는 후기가 올라오며 점차 입소문이 났다.

다니엘 핑크의 《파는 것이 인간이다》를 읽고서는 주문받을 때마다 손님 말을 그대로 따라 하는 것이 호감을 높인다는 사실을 알게 됐다. 이것도 바로 활용했다. 그래서 손님이 "감자랑 깍두기 더 주세요!" 하면 "감자랑 깍두기요. 네, 알겠습니다!"라고 답했다. 신기하게도 식당 분위기가 밝아졌다.

《왜 팔리는가》를 읽고 나서는 식감이 음식 맛을 좌우한다는 사실을 알아냈다. 그러곤 자신이 메밀국수를 배운 원조 가게의 맛, 절대 내공 40년의 맛을 뛰어넘을 수 있는 아이디어를 얻는다. 국수 굵기의 다양한 사이즈를 실험해보고 단골을 불러 맛에 대한 피드백을 받았다. 그런 과정을 거쳐 간장이 가장 맛있게 배어들고 고객이 가장 좋아하는 식감의 국수 굵기를 찾아냈다.

코어리딩이 우리에게 무엇을 가져다줄 수 있는지를 보여주는 대표적 사례다. 무엇보다 고명환 씨의 사례는 책을 읽는 우리에게 시사하는 바가 크다. 코어리딩은 빠르게 읽기와 많이 읽기에 초점을 맞춰서는 안 된다. 독서를 통해 문제해결에 필요한 힌트를 얻어 구체적인 성과를 내는 것에 초점을 맞춰야 한다. 사람들 중에는 똑똑하지만 일을 잘 못하는 사람, 책은 많이 읽는데 잡학지식만 많을 뿐 실전에 필요한 핵심은 하나도 깨닫지 못하는 사람이 있다. 이런 사람들은 제대로 된 아웃풋을 내기 어렵다. 중요한 것은 효율적인 인풋과 효과적인 아웃풋을 지속해 선순환을 만드는 것이다.

문제해결의 비밀 열쇠, 코어 워드

아서 코난 도일의 소설 《주홍색 연구》에서 셜록 홈즈는 이렇게 말한다. "왓슨, 추리란 말이지. 수도꼭지에서 떨어지는 물 한 방울로 나이아가라 폭포를 떠올리는 일이야." 이 말은 추리뿐 아니라 코어리딩의 본질을 가장 압축적으로 설명하는 대사다. 그리고 소설에서 이 문장을 찾아낸 것은 역시 내가 코어리딩을 한 결과다.

버겁게만 느껴지는 우리의 문제나 고민도 전체를 무너뜨릴 수 있는 하나의 도미노를 잘 찾아내기만 하면 해결할 수 있다. 그 하나의 도미노를 넘어뜨림으로써 우리 키보다 10배, 20배 더 큰 도미노를 의외로 쉽게 무너뜨릴 수 있다. 중요한 것은 그 첫 번째 도미노가 무엇인지를 찾는 일이다.

고명환 씨가 사업을 네 번이나 실패한 것도 그 첫 번째 도미노를 찾지 못했기 때문이다. 우리 역시 마찬가지다. 우리 모두가 은퇴할 때쯤이면 큰돈은 아니어도 몇 억대의 자산, 자기 명의의 집 한 채, 그리고 경제적 자유를 소망한다. 하지만 이런 소망을 이룬 사람은 생각보다 많지 않다. 그 이유는 20~30대부터 의미 있는 무언가를 일정하게 지속적으로 하지 않았기 때문이다. 즉 첫 번째 도미노, 인생의 핵심을 찾는 노력을 꾸준히 하지 않은 것이다.

코어 워드는 어떻게 한 권의 책이 되는가

1만 권의 책을 읽어야 문리가 트인다는 말이 있다. 하지만 의문이 든다. 왜 1만 권이어야 할까? 그렇게 많이 읽어야만 할까? 양이 넘쳐야 질이 보장된다는 '양질 전환'의 법칙이 아주 일리가 없는 것은 아니지만 10권으로 1만 권을 읽은 효과를 낼 수 있다면 어떨까? 굳이 마다할 이유가 없지 않은가. 코어 워드를 잘 찾아내면 이런 문제를 해결하는 길이 트인다.

책이 300페이지라면 대체로 60페이지 안에 작가의 핵심이 다 들어 있다. 60페이지만 잘 읽으면 300페이지를 읽은 것과 같은 효과를 얻는다. 일명 80 대 20 법칙이라 일컬어지는 파레토의 법칙pareto's law이다. 물론 여기서도 중요한 것은 질문이다. 내 문제와 관련된 질문을 잘하면 책이 주는 핵심을 오롯이 찾아낼 수 있다. 그런데 무턱대고 질문만 하면 되는 게 아니다. 질문을 잘하려면 먼저 코어 워드를 읽을 수 있어야 한다.

코어 워드 core word 란 무엇일까? 크게 2가지로 의미를 정리할 수 있다.

첫째, 모든 식물이 씨앗에서 시작되는 것처럼 한 권의 책이 시작된 단어 핵심 키워드를 뜻한다. 작가가 책을 쓰면서 핵심으로 삼는 단어다. 코어 워드에서 수많은 생각들이 자라나 한 권의 책이 된다. 처음부터 끝까지 무턱대고 책을 읽기보다는 섹션별로 주요 키워드가 무엇인지를 파악하며 읽으면 내용 이해에 훨씬 도움이 된다.

《습관의 재발견》이란 책을 예로 살펴보자. 이 책의 코어 워드는 '작은 습관'이다. 그리고 이 코어 워드에서 수많은 생각들이 자라나 다양한 키워드들을 도출할 수 있다. '작은 행동, 큰 결과', '습관 자동화', '의지력', '컴포트 존', '목적의식', '자율성', '체크리스트' 등. 이런 키워드들을 추출하면 저자가 말하려는 핵심 메시지들이 일목요연하게 정리되는 효과가 있다. 핵심 내용과 주요 메시지가 한눈에 파악된다. 아무 생각 없이 책을 읽는 것과 코어 워드를 파악해가며 책을 읽는 것은 매우 큰 차이를 만든다.

둘째, 내 삶의 문제를 해결하는 힌트가 들어간 단어를 뜻한다. 책 속에는 저자의 코어 워드에서 파생한 수많은 키워드들이 있다. 그중 내 문제해결의 실마리를 가진 키워드가 나에게는 코어 워드가 된다. 책 읽기에서 코어 워드의 파악이 중요한 이유가 바로 여기에 있다. 책에서 내 문제를 해결할 키워드를 찾을 수 있다면 일곱 번, 여덟 번 반복해서 시도하는 데 드는 시간과 돈, 에너지를 아껴 한두 번에 해결할 수 있다.

문제해결을 도와주는 브레인 콜링

평소 생각한 아이디어, 주제, 과제 설정에 해당되는 키워드에 뇌는 민감하게 반응한다. 이러한 주제와 관련된 정보를 자동으로 모으는 두뇌 기능을 브레인 콜링 brain calling 기능이라 부른다. 우리 말로는 '두뇌자동연결기능'이라고 한다.

브레인 콜링이 뛰어난 사람들은 문제해결력이 좋은 편이다. 인간의 대뇌에서 가장 큰 피질인 전두엽 frontal cortex은 머리 앞쪽에 있다고 해서 전두엽이라고 불린다. 전두엽은 주로 인간의 사고와 감정을 조절하는 역할을 한다. 언어 기능, 감정과 논리적 사고, 대인관계, 실행 능력 등이 모두 전두엽이 담당하는 기능이다.

이러한 전두엽이 사고기능을 제대로 하기 위해서는 주제, 즉 문제의식이 뚜렷해야 한다. 주제를 의식한 순간 브레인 콜링이 가동해 주제와 관련된 정보를 얻으려 한다. 즉 뇌는 스스로 문제에 대한 답을 찾을 수 있도록 프로그램화되어 있다. 그리고 이때 호기심의 강도에 따라 뇌의 사고기능은 달라진다. 뇌에 자극을 주면 행동하고 반응한다. 즉 무언가 의식하는 순간 뇌는 관련된 것을 찾게 되어 있다. 따라서 의도를 가진 자극을 주어야 한다.

그림을 새로 배운다고 생각해보자. 그러면 그때부터 가는 곳마다 벽에 걸린 그림 혹은 미술 재료 등이 눈에 띄기 시작할 것이다. 그림에 관심을 갖기 전에는 눈에 잘 보이지 않았던 것들이 하나하나 보이고 남다르게 다가온다. 새로 머리를 한 날 유독 다른 사람들의 헤어 스타일에 눈길이 가는 것도 같은 원리다. 이것이 바로 브레인 콜링 기능이다.

호기심은 책 읽기를 가능하게 하지만 호기심만으로 책을 끝까지 읽기에는 에너지가 부족하다. 이때 필요한 것이 바로 '책기심'이다. 풀어보자면 '책을 기를 쓰고 읽는 마음'이다. 다르게 표현하면 반드시 문제를 해결하려는 마음이라고 할 수 있다.

책기심은 의미, 아웃풋, 재미 3가지로 이뤄져 있다. 첫째 내가 이 책을 왜 읽는지 의미 부여가 돼야 한다. 학교에 수업을 받으러 가는 날과 소풍 가는 날은 같은 하루여도 의미가 다르다. 둘째, 아웃풋이다. 책을 읽는다면 반드시 성과를 만들어내야 한다. 셋째, 재미까지 얻을 수 있다면 좋다. 여기서 말하는 재미는 오락성 같은 단순 재미가 아니다. 의미와 아웃풋을 통한 성장에서 느끼는 재미다. 이 3가지는 우선순위가 따로 있지 않다. 사람의 성향에 따라 혹은 독서의 목적에 따라 3가지 중 우선시하는 요소는 얼마든지 달라질 수 있다.

문제해결을 위한 4단계 세부 프로세스

책을 읽기 전 자신이 책을 읽는 목적, 즉 자신이 책을 통해 해결하고 싶은 문제를 명확히 해야 코어리딩이 가능하다. 자신만의 원씽 one thing, 즉 내가 해결해야 할 문제가 무엇인지를 알아야 한다. 우리는

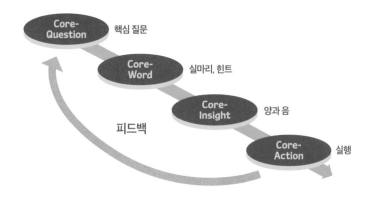

Core-Question 핵심 질문
Core-Word 실마리, 힌트
Core-Insight 양과 음
Core-Action 실행
피드백

살면서 여러 가지 문제에 맞닥뜨린다. 질문을 통해 자신이 갖고 있는 문제가 무엇인지 명확히 인식해야 한다. 문제를 명확히 한 후에는 실마리가 될 수 있는 코어 워드를 찾아내는 것이 순서다. 코어 워드를 찾은 후에는 내 문제를 해결할 수 있는 코어 인사이트를 찾는다. 그런 후 그것을 실행함으로써 문제를 해결한다. 이것을 순서대로 정리하면 다음과 같다. 코어 퀘스천 ⇨ 코어 워드 ⇨ 코어 인사이트 ⇨ 코어 액션.

간단한 예를 들어 살펴보자. 만일 내 문제가 '부자가 되고 싶은 것'이라고 해보자. 그렇다면 어떤 부자가 되고 싶은지를 알아야 한다. 먼저 '평범한 직장인들 중 10년 동안 2억 원의 시드머니를 모은 사람들이 있을까?'라는 현실적인 질문을 던져보자. 이 질문에서 '10년 동안 2억 원의 시드머니 모으기'가 코어 워드가 된다. 그런 후 10년간 2억 원을 모은 사람들, 즉 롤모델을 찾는 일을 해야 한다. 성공사례에서 내게 도움이 될 만한 것들을 찾아내는 것이 바로 코어 인사이트다. 책 또는 유튜브 영상 등을 통해 그들이 어떤 식으로 시드머니를 모았는지 노하우를 배웠다면, 나에게 맞게 적용하는 단계에 들어선다. 이것은 벤치마킹인 동시에 코어 액션에 해당한다.

▶ 일상 혹은 업무에서 직면하는 3가지 문제

문제 설정을 위해서는 질문의 카테고리를 알아야 한다. 우리가 살면서 맞닥뜨리는 문제 유형은 대개 3가지로 구분된다. 첫째는 발생형 문제다. 이미 일어난 사건 때문에 발생한 문제다. 고객의 클레임이라든지 불량품의 발생은 이미 발생한 문제다. 둘째는 탐색형 문제다. 지금은 잘 되고 있는데 더 잘해보고 싶은 마음에서 생겨나는 문제다. 생산성을 높인다거나 원가를 절감하는 등의 문제가 여기에 해당한다. 셋째는 설정형 문제다. 아직 일어나지 않았지만 앞으로 어떻게 할 것인가에 해당하는 것이다. 신규 고객을 확보한다든지 새로운 아이템을 기획하는 등의 문제가 여기에 속한다.

▶ 문제를 구체화하기 위한 질문 만들기

문제의 카테고리를 설정한 후에는 그 문제를 구체적으로 정의하는 게 중요하다. 문제를 구체화하기 위해서는 다음의 3가지 질문을 던져야 한다.

- 구체적인 키워드가 있는가? keyword
- 측정 가능한 숫자가 있는가? number

• 내가 실행할 수 있는가? action

예를 들어 나의 원씽이 '긍정적인 태도로 살고 싶다'라고 해보자. '구체적인 키워드가 있는가?'라는 질문을 던지면 '웃는 얼굴'이라는 키워드로 구체화할 수 있다. 그다음 '측정 가능한 숫자는 무엇인가?'라는 질문에 '하루에 한 번, 한 달 동안'이라는 기간을 설정해볼 수 있다. '내가 실행할 수 있는가?'라고 질문했을 때 '예스'라는 답을 할 수 있도록 실행 가능한 수준으로 잡으면 된다. 이를 간단히 정리하면 다음과 같다.

• 원씽 : 긍정적인 태도로 살고 싶다.
• 구체적인 키워드가 있는가? : 웃는 얼굴
• 측정 가능한 숫자가 있는가? : 하루에 한 번, 한 달 동안
• 내가 실행할 수 있는가? : 예스

코어리딩 1단계 : 핵심을 찾아라

"겉모습으로 사람을 판단하지 말라."는 말이 있지만 책의 경우 "표지만 보고 책을 판단하라."라고 말하고 싶다. 코어리딩을 위해서는 표지를 보고 내 문제를 해결하는 데 도움이 될지 여부를 판단해야 한다. 간혹 제목이 추상적이거나 정보가 부족하다면 표지에 있는 부제와 카피를 보면 도움이 된다. 대체로 부제에는 그 책의 핵심 콘셉트가 담겨 있다. 그리고 앞표지와 뒤표지에 있는 카피에는 이 책의 핵심 키워드와 핵심 메시지, 이 책을 읽어야 할 사람들, 이 책의 활용법 등이 담겨 있다.

예를 들어 '오전에 업무의 50퍼센트 이상을 처리하고 정시에 퇴근하려면 어떻게 해야 할까?'라는 문제가 있다고 해보자. 표지를 보고 내 문제를 해결하는 데 도움이 되는 책이라는 판단이 섰다면 이제 책을 읽기 시작한다. 나의 원씽, 즉 나의 문제를 해결하기 위한 질문이 준비되었다. 그리고 그에 대한 답을 구하기 위한 책도 찾았다. 이제 코어리딩을 할 준비가 된 것이다.

코어리딩은 3단계 프로세스로 이루어져 있다. 1단계 '핵심 찾기' ⇨ 2단계 '핵심 읽기' ⇨ 3단계 '핵심 정리또는 핵심 실행' 순이다. 그리고 중요한 것이 있다. 여기서 말하는 핵심의 의미는 저자가 말하는 '핵심'이 아닌 내가 찾고자 하는 '핵심'이다. 즉 나의 문제해결을 위한 핵심을 찾는 것이다.

핵심 찾기는 내가 책을 읽는 전체 시간 중 6분의 1 정도만 투자해야 한다. 독서 시간이 3시간이라면 30분만 할애하자. 그래야 효율이 높아진다. 핵심 읽기에는 6분의 4 3분의 2를 할애해 2시간, 핵심 정리는 6분의 1을 할애해 30분이다. 코어리딩을 처음 시작하는 단계에서는 시간을 정해 알람을 맞춰두는 것을 권한다. 몸에 습관으로 배기 전까지 주어진 시간 안에 빠르게 핵심을 찾아내는 연습을 하기 위해서다.

책의 핵심을 빠르게 찾을 수 있는 3가지 영역

코어리딩을 통해 나에게 필요한 핵심을 찾으려면 과감해져야 한다. 책에서 저자가 말한 모든 내용을 이해하고 받아들일 필요는 없다. 나에게 필요한 내용만 찾아서 이해하고 아웃풋을 내면 된다. 한 챕터를 집중해 읽어도 좋고 건너뛰기하며 필요한 부분만 읽어도 상관

없다. 시간 낭비하지 않고 나에게 필요한 핵심만 찾아 읽으려면 자신에게 "내가 이 책에서 찾고 싶은 것은 무엇인가?"라는 질문을 먼저 던져야 한다.

다시 구체적 예시와 함께 자세히 살펴보자. 내 문제를 염두에 둔 상태에서 표지를 검토하고 나카지마 사토시 Nakajima Satoshi의 《오늘, 또 일을 미루고 말았다》나카지마 사토시 지음, 양수현 옮김, 북클라우드라는 책을 골랐다고 해보자. 이제 빠르게 책의 핵심을 찾을 수 있는 3가지 영역을 중심으로 책을 읽어야 한다. 그 3가지는 프롤로그머리말, 목차, 에필로그맺음말다. 그럼 실제 책을 예제로 활용해 핵심 찾기를 해보자.

▶ 프롤로그 읽기

프롤로그에는 저자의 집필 동기와 주요 내용 등 책의 핵심이 담겨 있다. 따라서 프롤로그를 읽으면 자신이 원하는 내용이 책에 담겨 있는지 여부를 판단하는 데 도움이 된다. 프롤로그를 읽을 때는 하나만 생각하면 된다. '내 문제해결에 도움이 될 내용이 이 책에 있는가, 없는가?' 내 핵심 문제는 '오전에 업무의 50퍼센트 이상을 처리하고 정시에 퇴근하려면 어떻게 해야 할까?'였다.

이 문제를 해결하는 데 이 책이 어떤 도움을 줄 수 있을지 프롤로그부터 살펴보자. 이때 책에 밑줄을 긋거나 색칠하는 데 주저할 필요 없다. 책을 깨끗하게 봐야 한다는 강박을 가진 독자들이 많은데 책을 깨끗하게 보는 것은 전혀 중요한 문제가 아니다. 내게 도움이 될 부분들에는 밑줄을 긋고 별표도 치고 메모도 하면서 적극 활용하자. 그게 책을 아낌없이 보는 방법이다.

책을 읽다가 중요하다고 생각되는 부분에는 노랑색 펜으로 밑줄을 긋는다. 반듯하거나 예쁘게 그어야 할 필요도 없다. 중요한 단어나 문장, 즉 코어 워드는 빨간색으로 네모 박스를 쳐준다.

1단계 핵심 찾기 : ① 프롤로그 읽기

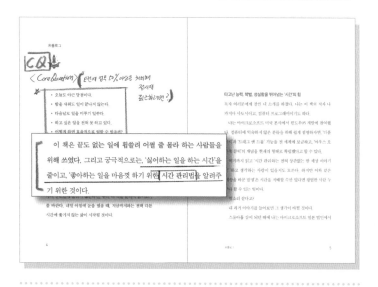

"이 책은 끝도 없는 일에 휩쓸려 어쩔 줄 몰라 하는 사람들을 위해 쓰였다. 그리고 궁극적으로는, '싫어하는 일을 하는 시간'을 줄이고, '좋아하는 일을 마음껏 하기 위한' 시간 관리법을 알려주기 위한 것이다."

여기에는 어떤 사람들을 위해 이 책이 쓰여졌는지 또 어떤 내용을 다룰지가 나와 있다. 내가 원하는 것을 이 책에서 얻을 수 있을 가능성이 크다는 것을 알 수 있는 대목이다.

1단계 핵심 찾기 : ① 프롤로그 읽기

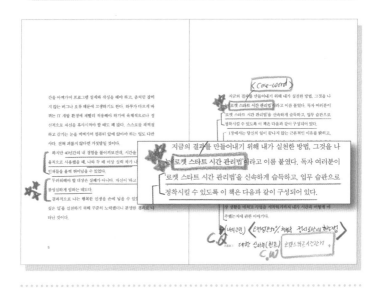

"지금의 결과를 만들어내기 위해 내가 실천한 방법, 그것을 나는 '로켓 스타트 시간 관리법'이라고 이름 붙였다. 독자 여러분이 '로켓 스타트 시간 관리법'을 신속하게 습득하고, 업무 습관으로 정착시킬 수 있도록 이 책은 다음과 같이 구성되어 있다."

나의 코어 퀘스천은 '오전에 업무의 50퍼센트 이상을 처리하고 정시에 퇴근하려면 어떻게 해야 할까?'였다. 그런데 프롤로그에서 내가 찾은 코어 워드는 '로켓 스타트 시간 관리법'이다. 내 머리를 두드리는 코어 워드, 즉 문제를 해결할 실마리를 찾은 것이다. 여기에 빨간색 박스를 하고 여백에 코어 워드라고 적는다.

책을 읽다 보면 저자의 글에서 내 생각과 일치하는 글을 발견하거나 깊은 울림이 있어 기억하고 싶은 것들을 발견할 때가 있다. 혹은 '항상 부지런했던 동료 중 아침형 인간이 있었지. 어쩐지, 그 친구는 늘 업무 성과가 좋았어.' 이런 식으로 책을 읽다가 어떤 사건이나 인물이 떠오를 때도 있다. 책의 여백에 연상 작용으로 떠오른 것들을 함께 적어도 좋다. 이 부분이 바로 코어 인사이트다. 이런 부분은 파란색으로 표시한다.

코어 인사이트를 찾아 작성하다 보면 정답만 찾는 압박감에서 벗어나게 된다. 틀이 정해진 정답이 아닌 해답을 찾게 되면 '뇌'는 즐거워진다. 정답은 내 것이 아니라 남들이 정해놓은 것이다. 반면 해답은 내가 찾아낸 나만의 것이다. 해답을 찾음으로써 사고의 틀이 확장되고 창의성을 비롯해 자기 결정력이 높아진다. 자신이 스스로 길을 놓게 되면 그때부터 개념의 도로가 형성된다.

거듭 강조하지만 인사이트는 정답이 아닌 해답을 찾는 과정에서 성장한다. 저자가 제시하는 길을 따라가는 것이 아니라 내가 찾은 나만의 길, 똑같은 길이 아니라 다른 길을 모색하면서 차별화가 시작된다.

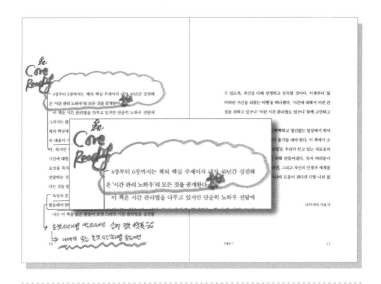

"4장부터 6장까지는 책의 핵심 주제이자 내가 40년간 실천해온 '시간 관리 노하우'의 모든 것을 공개한다."

　　프롤로그에서 이런 부분을 읽었다면 4~6장을 먼저 읽는 것이 좋다. 내 코어 퀘스천을 해결해줄 가장 핵심적인 솔루션이 담겨 있을 가능성이 크기 때문이다. 주어진 시간 안에 효율을 높이고 최대의 효과를 얻어내려면 말이다.

▶ 목차 읽기

"작가는 인테리어 디자이너가 아니라 건축 설계사다." 노벨 문학상을 수상한 작가 어니스트 헤밍웨이의 말이다. 이는 글을 쓰는 데 있어 목차 설계가 중요함을 비유적으로 설명한 말이다. 다산 정약용도 목차의 중요성을 두고 '선정문목법先定門目法'이란 말로 표현했다. 구체적인 작업에 들어가기 전에 문목, 즉 목차를 먼저 정리하라는 말이다.

목차는 책의 설계도이며 책의 주제를 풀어가는 저자의 생각 지도다. 집을 지을 때도 설계도가 완벽해야 하자 없는 건축이 가능하듯 글을 쓸 때도 마찬가지다. 아무리 좋은 콘텐츠를 갖고 있다 해도 전체 내용을 제대로 구성하지 못하면 한 권의 책으로 짜임새 있게 완성되기 어렵다. 글의 구조를 논리적이고 쫀쫀하게 짜는 것은 중요한 밑그림이 된다. 다시 말해 목차만 잘 읽어도 글의 주요 내용을 파악할 수 있으며, 자신이 원하는 내용이 어디에 있는지 구체적으로 찾을 수 있다는 뜻이다.

프랑스 파리의 루브르 박물관은 제대로 보려면 일주일이 넘게 걸린다고 한다. 그런데 여러분에게 세 시간밖에 없다면 어떻게 해야 할까? 지도를 활용해 무엇이 있는지 전체를 보고, 그중에서 자신이 관심 있는 것만 찾아서 그것 위주로 관람해야 한다. 그렇지 않으면 그 세 시간을 우왕좌왕하다 허투루 낭비할 수 있다. 책의 목차도 이와 같다. 박물관 지도를 보듯 책의 내용을 한눈에 볼 수 있을 뿐 아니라 자신이 원하는 내용이 어디에 있는지 찾는 데 도움을 준다.

앞서 예제로 삼았던 책《오늘, 또 일을 미루고 말았다》를 가지고 목차 읽기를 해보자.

목차 읽기를 할 때는 3색 볼펜을 사용해 목차에 표시한다. 우선순위를 정해 더 중요한 것부터 읽는다.

- **노란색** 필수 : 호기심이 드는 부분, 새롭게 접한 콘텐츠에 체크한다. 배경지식과 아이디어를 축적해둔 뒤 필요할 때 사용한다.

- **빨간색** 필수 : 해결해야 할 과제에 관한 힌트가 있는 목차, 즉 필수 내용에 체크한다. 이때 빨간색으로 표시한 목차의 개수는 파레토 법칙을 적용해 전체 목차의 20퍼센트 내외가 되도록 선택과 집중을 한다.

- **파란색** 선택 : 문제해결에 직접적인 관련은 없지만 새로운 지식 또는 궁금증이 유발되는 목차에 표시한다. 추후 다른 문제해결에 활용 가능한 것들이다.

▶ 에필로그 읽기

편저, 역자 후기는 엄청 귀한 보물이다. 책을 쓰는 과정에서 숨겨진 비화를 소개하기도 하고 저자에 대해 잘 알려지지 않은 사실을 알 수도 있다. 반면 작가가 직접 쓴 에필로그맺음말는 편안하게 참고용으로 읽어도 좋다. 책을 마무리하며 개인적인 소회를 밝힌다거나 전체 내용을 한번 더 되짚는 정도로 쓰여진다. 따라서 중요하지만 자신이 놓친 내용이 있는지 확인하는 정도로 가볍게 읽는다.

책과의 첫 만남에서 겉모습, 즉 책 표지를 보고 첫인상을 판단했다. '이 책이 과연 내 문제를 해결하는 데 도움이 될 것인가?'라는 필요를 염두에 두고서 말이다. 그러나 프롤로그, 목차, 에필로그를 읽다 보면 첫인상과는 달리 문제해결에 그다지 도움이 되지 않는 책으로 판명될 수도 있다. 코어리딩을 처음 시작한 독자들이라면 초반에 이런 시행착오를 겪는다.

만일 더 이상 이 책을 읽는 것이 도움이 되지 않는다고 판단될 경우에는 거기서 중단하고 다른 책과의 만남을 시도해도 좋다. 도움이 되지 않는 책을 애써 붙잡고 있을 이유는 없다. 때로는 빠르게 포기하는 것도 실패를 막는 좋은 선택이다. 시간과 에너지의 손실을 줄여 더 의미 있는 책을 읽는 데 쓰자. 이런 시행착오가 밑거름이 되어 점차 좋은 책을 고르는 안목을 키우는 데도 도움이 될 것이다.

코어리딩 2단계 :
핵심을 읽어라

코어리딩 3단계 프로세스 중 두 번째 단계는 '핵심 읽기'다. 코어리딩에서 가장 중요한 단계이기도 하다. 전체 코어리딩 시간의 3분의 2를 핵심 읽기에 할애한다. 1단계 핵심 찾기에서 목차를 선별하고 중요한 부분에 표시를 했다. 2단계는 그렇게 선별한 목차의 내용을 집중적으로 읽는 단계다. 핵심 목차 부분^{빨간색}을 정독한다. 이때 사전에 설정한 질문을 놓쳐서는 안 된다. 질문을 염두에 둔 채 끊임없이 그것과 연관 지으며 책을 읽는다.

핵심 읽기 ① 밑줄 긋기

책을 읽다가 중요한 부분에 밑줄을 그어야 한다. 여기서 말하는 '중요한 부분'이란 무엇일까? 저자가 중요하게 여기는 핵심이 아니라 '내 문제해결의 실마리'에 해당하는 부분, 즉 나에게 중요한 부분이다. 나카지마 사토시의 《오늘, 또 일을 미루고 말았다》를 읽으며 밑줄 긋기를 해보자. 이 책의 133쪽에는 '로켓 스타트를 해야 하는 진짜 이유'가 나온다. 내용을 인용하면 다음과 같다.

"시간이 많을 때 혼신의 힘을 다해 열정적으로 일을 하고, 마감일이 다가올 때 천천히 마무리하는 것. 이것이 나의 업무 처리 방식이다. 기존의 방식과는 전혀 달라서 선뜻 내키지 않을 수도 있다. 하지만 직접 시도해보면 틀림없이 놀라운 결과를 얻을 수 있을 것이다.

'로켓 스타트 시간 관리법'의 첫 단계는 '2일 동안 총 업무량의 80퍼센트를 끝내는 것'이다.

여기서 말하는 2일이란 전체 기간에 따라 달라진다. 전체 기간이 10일이면 2일, 5일이면 1일, 3일이면 반나절, 하루면 세 시간으로 전체의 20퍼센트로 잡으면 된다. 중요한 건 기간이 아니라 일을 시작하자마자 로켓 스타트를 실천하는 것이다.

왜 이렇게 힘들게 스타트 대시를 하느냐고 묻는다면, 나는 당신의 라스트 스퍼트 지향성을 교정하기 위해서라고 대답하겠다."

혹시 어디에 밑줄을 그어야 할지 막연하다면 다음의 3가지에 집중해서 밑줄을 긋는 것도 좋다. 위 예문을 예로 들어 살펴보자.

▶ What : 무엇은 '무엇'이다

저자가 제시하는 주장이나 개념의 정의에 밑줄을 긋는다.

2단계 핵심 읽기: ① 밑줄 긋기

로켓 스타트를 해야 하는 진짜 이유

—

시간이 많을 때 혼신의 힘을 다해 열정적으로 일을 하고, 마감일이 다가올 때 천천히 마무리하는 것. 이것이 나의 업무 처리 방식이다. 기존의 방식과는 전혀 달라서 선뜻 내키지 않을 수도 있다. 하지만 직접 시도해보면 틀림없이 놀라운 결과를 얻을 수 있을 것이다.

'로켓 스타트 시간 관리법'의 첫 단계는 '2일 동안 총 업무량의 80%를 끝내는 것'이다.

여기서 말하는 2일이란 전체 기간에 따라 달라진다. 전체 기간이 10일이면 2일, 5일이면 1일, 3일이면 반나절, 하루면 세 시간으로 전체의 20%로 잡으면 된다. 중요한 건 기간이 아니라 일을 시작하자마자 로켓 스타트를 실천하는 것이다.

왜 이렇게 힘들게 스타트 대시를 하느냐고 묻는다면, 나는 당신의 라스트 스퍼트 지향성을 교정하기 위해서라고 대답하겠다.

예시 : OOO이란 OOO이다. OO의 핵심은 OOO이다 등.

▶ How : '어떻게' 실행하는가

구체적인 실행 방법에 밑줄을 긋는다.

2단계 핵심 읽기 : ① 밑줄 긋기

로켓 스타트를 해야 하는 진짜 이유

—

시간이 많을 때 혼신의 힘을 다해 열정적으로 일을 하고, 마감일이 다가올 때 천천히 마무리하는 것. 이것이 나의 업무 처리 방식이다. 기존의 방식과는 전혀 달라서 선뜻 내키지 않을 수도 있다. 하지만 직접 시도해보면 틀림없이 놀라운 결과를 얻을 수 있을 것이다.

'로켓 스타트 시간 관리법'의 첫 단계는 '2일 동안 총 업무량의 80%를 끝내는 것'이다.

여기서 말하는 2일이란 전체 기간에 따라 달라진다. 전체 기간이 10일이면 2일, 5일이면 1일, 3일이면 반나절, 하루면 세 시간으로 전체의 20%로 잡으면 된다. 중요한 건 기간이 아니라 일을 시작하자마자 로켓 스타트를 실천하는 것이다.

왜 이렇게 힘들게 스타트 대시를 하느냐고 묻는다면, 나는 당신의 라스트 스퍼트 지향성을 교정하기 위해서라고 대답하겠다.

예시 : OOO이 필요한 이유는 … 이다.

▶ Why : 그것을 '왜' 해야 하는가

자신에게 맞는 방식으로 적용하려면 이유와 원인을 이해해야 한다.

'왜'에 해당하는 부분에 밑줄을 긋는다.

2단계 핵심 읽기: ① 밑줄 긋기

로켓 스타트를 해야 하는 진짜 이유

—

시간이 많을 때 혼신의 힘을 다해 열정적으로 일을 하고, 마감일이 다가올 때 천천히 마무리하는 것. 이것이 나의 업무 처리 방식이다. 기존의 방식과는 전혀 달라서 선뜻 내키지 않을 수도 있다. 하지만 직접 시도해보면 틀림없이 놀라운 결과를 얻을 수 있을 것이다.

'로켓 스타트 시간 관리법'의 첫 단계는 '2일 동안 총 업무량의 80%를 끝내는 것'이다.

여기서 말하는 2일이란 전체 기간에 따라 달라진다. 전체 기간이 10일이면 2일, 5일이면 1일, 3일이면 반나절, 하루면 세 시간으로 전체의 20%로 잡으면 된다. 중요한 건 기간이 아니라 일을 시작하자마자 로켓 스타트를 실천하는 것이다.

왜 이렇게 힘들게 스타트 대시를 하느냐고 묻는다면, 나는 당신의 라스트 스퍼트 지향성을 교정하기 위해서라고 대답하겠다.

예시 : ○○○이 필요한 이유는 … 이다.

핵심 읽기 ② 아이디어 도출

사전에 설정한 질문을 던지면서 책을 읽으며 밑줄을 쳤다. 밑줄 친 내용에서 실행 가능한 아이디어를 도출해 페이지 여백에 적는다. 책을 읽으며 떠오르는 생각들은 순식간에 사라질 수 있으니 반드시 메모한다. 아이디어가 없다면 중요 개념을 요약해서 메모해도 좋다.

《오늘, 또 일을 미루고 말았다》를 예제로 살펴보자. 중요한 부분에 밑줄을 긋고 그 옆에 아이디어를 메모한다.

핵심 읽기에서 실행 가능한 아이디어를 도출해서 페이지 여백에 적을 때 주의해야 할 3가지가 있다.

- 일단 작게 시작한다.
- 오래 생각하지 않는다.
- 해체하고 다시 조립한다.

먼저 작게 시작하는 게 좋다. 실행하기 버거운 아이디어를 적을 경우 시도해보지도 않고 끝날 가능성이 크기 때문이다. 그다음 오래 생각하지 않아야 한다. 일단 시간 절약을 위해서고, 책을 읽으며 순식간에 떠오르는 아이디어들을 적는 게 여기서는 더 중요하기 때문이다. 메모한 아이디어들은 상황과 필요에 따라 각기 다르게 적용해야 하므로 해체하고 다시 조립하며 유연하게 활용한다.

로켓 스타트를 해야 하는 진짜 이유

—

시간이 많을 때 혼신의 힘을 다해 열정적으로 일을 하고, 마감일이 다가올 때 천천히 마무리하는 것. 이것이 나의 업무 처리 방식이다. 기존의 방식과는 전혀 달라서 선뜻 내키지 않을 수도 있다. 하지만 직접 시도해보면 틀림없이 놀라운 결과를 얻을 수 있을 것이다.

'로켓 스타트 시간 관리법'의 첫 단계는 '2일 동안 총 업무량의 80%를 끝내는 것'이다.

여기서 말하는 2일이란 전체 기간에 따라 달라진다. 전체 기간이 10일이면 2일, 5일이면 1일, 3일이면 반나절, 하루면 세 시간으로 전체의 20%로 잡으면 된다. 중요한 건 기간이 아니라 일을 시작하자마자 로켓 스타트를 실천하는 것이다.

왜 이렇게 힘들게 스타트 대시를 하느냐고 묻는다면, 나는 당신의 라스트 스퍼트 지향성을 교정하기 위해서라고 대답하겠다.

아이디어
어렵고 부담되는 업무는 제일 나중에 시작했는데 앞으로는 매를 먼저 맞자!
매일 업무를 시작하기 전, 부담되는 업무 리스트를 작성하고, 1순위 업무를 바로 집중해서 시작한다.

핵심 읽기 ③ 나만의 목차 작성

한 책의 목차 읽기가 끝나면 해당 목차의 내용을 자신의 언어로 정리해 그 옆에 기록한다. 저자가 중요하게 여기는 핵심으로 만들어진 것이 목차였으니, 이 단계에서는 내 문제해결의 관점에서 목차를 재정리하면 된다.

《오늘, 또 일을 미루고 말았다》의 목차를 예제로 살펴보자. 이 책의 원래 목차는 '2 대 8 법칙으로 스타트 대시!'다. 이것을 나만의 목차로 정리하면 '2일 동안 총업무량 80퍼센트를 끝내는 것'이다.

2단계 핵심읽기 : ③ 나만의 목차작성

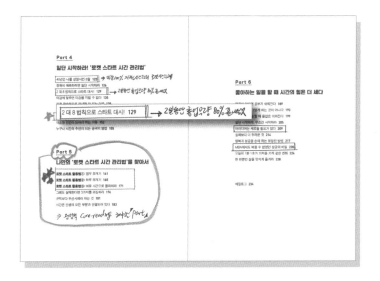

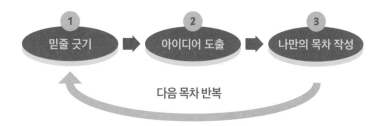

이런 식의 코어리딩을 하면 이후 자신이 정리한 목차만 봐도 핵심 내용이 바로 떠오른다. 이렇게 하면 '①밑줄 긋기 ⇨ ②아이디어 도출 ⇨ ③나만의 목차 작성'까지 핵심 읽기 한 세트가 끝난다. 이런 방식으로 다음 목차를 반복한다.

코어리딩 3단계 :
핵심을 실행하라

《논어》의 첫 문장은 '학이시습지 學而時習之 불역열호 不亦說乎'이다. 풀어 설명하자면 배움은 그것을 익혀 실천하는 데서 의미를 찾을 수 있다는 뜻이다. 주자가 쓴 《근사록》에도 같은 내용의 문장이 나온다. '비명 非明 즉동무소지 則動無所之, 비동 非動 즉명무소용 則明無所用'. 아는 것이 분명하지 않으면 행동할 수가 없고, 행동하지 않으면 아는 것도 쓸모가 없다는 뜻이다.

코어리딩 3단계는 책에서 찾고 읽은 내용을 활용하기 위해 체계적으로 정리하는 단계다. 내가 책에서 얻은 코어 워드와 핵심 아이디어를 필요할 때 바로 찾을 수 없다면 그것은 없는 것과 같다. 나아가 3단계는 정리한 것을 내 문제에 적용해 실행하는 것까지 포함한다. 우리가 문제해결을 위해 책을 읽을 때는 분명한 목적이 있다. 따라서 자신의 목적, 즉 해결하고자 하는 문제에 대한 해답의 실마리를 찾고 내 인사이트를 포함해 나만의 목차로 정리해야 한다. 여기까지 했다면 이제 실행할 단계다.

실행을 위한 핵심 정리 방법에는 3가지가 있으며 인덱스 정리, 피드백 정리, 코어 아이디어 정리가 그것이다.

핵심 정리 방법 ① 인덱스 정리하기

아이디어를 적은 페이지에는 녹색 인덱스를 붙인다. 나중에 찾기 쉽도록 해당 페이지의 핵심 키워드, 주요 내용 등을 함께 적는다. 그러면 나중에 인덱스만 보고도 필요한 내용을 바로 찾을 수 있다. 인덱스가 서로 겹치지 않도록 두 번째 페이지 인덱스는 첫 페이지보다 한 칸 아래쪽에 붙인다. 볼펜이나 네임펜으로 핵심 키워드 및 주요 내용을 적는다.

다 읽은 책도 시간이 지나면 생각이 나지 않는 경우가 많다. 이때 인덱스에 메모한 핵심 키워드, 즉 자신의 인사이트가 담긴 코어 워드는 아주 유용하다. 기록은 기억보다 강한 법, 인덱스에 적힌 코어 워드는 잊어버린 기억을 되살려내줄 뿐 아니라 필요한 것을 바로 확인할 수 있게 시간을 줄여주는 마법을 제공한다. 인덱스 기록은 시간과 에너지를 절약해주는 마스터키와 같다.

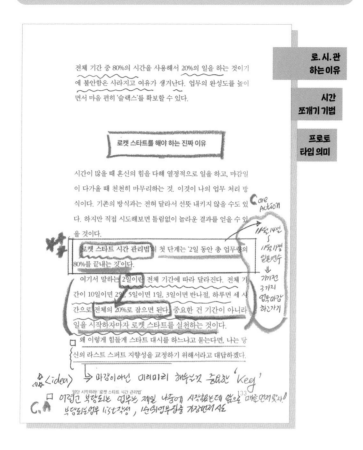

핵심 정리 방법 ② 피드백 정리하기

책을 읽기 시작할 때 해결하고자 하는 질문, 즉 코어 퀘스천이 있었다. 자신이 기대했던 내용을 얼마나 찾았는지, 자신의 주관적인 점수를 기록하고 그 이유를 적고 분석한다. 10점 만점을 기준으로 했을 때 어느 정도나 될지 점수를 매겨보자. 생각보다 점수가 낮다면 문제해결에 큰 도움이 되지 않았다는 의미다. 이렇게 스스로 객관적인 평가를 하는 것은 이후 시행착오를 줄이는 데도 도움이 되므로 이 과정을 반드시 해보도록 하자.

[핵심 정리] 찾고 싶은 것을 얼마나 찾았나요?

점수: (9) / (10)점

이유: 프롤로그와 목차가 명확하게 작성되어 있어, 나에게 도움되는 부분을 쉽게 찾을 수 있었다.

핵심 정리 방법 ③ 코어 아이디어 정리하기

책에서 찾은 아이디어 중 가장 중요한 것 1~3가지를 양식지에 기록한다. 이렇게 해두면 문제해결을 위한 아이디어가 더 명확히 각인되고 내 문제에 적용하는 데도 도움이 된다. 해당 아이디어 페이지에는 주황색 인덱스를 붙여 강조한다. 이것을 OBOA One Book One Action라 부른다.

[핵심 정리] 찾고 싶은 것을 얼마나 찾았나요?

1. (P133) '일을 시작하자마자 처음 2일 동안에 총 업무량의 80%를 끝낸다. 즉, 어렵고 부담되는 일을 초반에 무조건 집중해서 시작하는 것이다.'

 ⇨ To Do: 매일 업무 시작 전 5분 동안 '부담되는 업무 리스트'를 작성한 후 그 일을 먼저 처리한다.

코어 아이디어를 정리하며 인덱스를 붙이면 여러모로 유용하다. 책을 다시 읽을 때 필요한 부분을 쉽게 찾아 빠르게 활용할 수 있어 시간과 에너지를 절약해주는 효과도 있다.

10권을 읽고
1,000권을 읽은 효과를 내는 방법

하드웨어나 소프트웨어의 성능을 한 단계 올린다는 의미로 업그레이드upgrade라는 단어를 사용한다. 이는 개인의 삶에서도 필요한 개념이다. 스스로를 변화시키고 삶을 한 단계 끌어올리기 위해 업그레이드하는 것이 중요하다. 그리고 책은 우리를 업그레이드하는 데 아주 좋은 도구이자 자원이다.

우리는 정보 홍수의 시대를 살고 있다. 따라서 그 많은 정보 중 옥석을 가리고 진짜 내게 필요한 것을 찾아내는 것이 더욱 중요해졌다. 인간의 뇌는 잘 단련하기만 하면 40대 이후에도 그 능력이 우상향할 수 있다. 그리고 뇌를 단련하고 인지 능력을 높이는 데는 독서만큼 좋은 게 없다. 하지만 미디어와 영상에 너무 많은 시간을 빼앗기다 보니 책을 읽을 시간이 점점 줄어드는 게 현실이다.

그뿐 아니다. 바삐 돌아가는 세상에서 뒤처지지 않기 위해 이렇게 저렇게 애쓰다 보면 하루하루가 순식간에 지나가버린다. 그래서 시간을 들여 책을 읽는 게 버거운 것도 사실이다. 1,000권의 책을 읽으면 어느 경지를 넘어서는 임계점을 경험할 수 있다고 한다. 앞서 말한 1만 권을 읽으면 문리가 트인다는 것과도 통하는 말이다. 하지만 1만 권은 물론이고 현실적으로 1,000권의 책을 읽기란 쉬운 일이 아니다. 대부분의 사람은 섣불리 엄두를 내지 못한다. 그런데 만일 10권만 읽어도 1,000권을 읽은 것과 같은 효과를 경험할 수 있는 방법이 있다면 어떨까? 말도 안 되는 소리 같지만 그런 방법이 있다. 바로 코어리딩이다.

식사할 때 밥을 잘 넘기고 소화시키려면 국과 반찬이 있어야 하듯이 한 분야의 책을 읽고 그 핵심을 파악해 나의 것으로 만들기 위해서는 반드시 배경지식을 쌓는 독서가 선행되어야 한다. 코어리딩은 이러한 배경지식을 쌓기에 가장 좋은 독서법이다. 즉 다른 지식들을 흡수하는 데 도움을 주는 기폭제가 된다.

한 단락을 읽고 직접 '내 언어'로 세 줄 요약하는 방법을 추천한다. 이렇게 단락별로 정리해본다. 자신이 작성한 문장이 처음에는 마음에 들지 않을 수 있다. 하지만 꾸준히 반복하면 달라진다. 시간이 지날수록 자신이 읽은 단락에서, 나아가 한 권의 책에서 핵심 메시지를 뽑아내는 능력이 발전하게 된다.

단락별로 자신만의 문장을 작성한 후에는 그 책의 코어 워드 3개를 뽑아낸다. 그리고 그것들을 인덱스에 메모해 붙여놓는다. 이와 관련한 자세한 내용은 앞서 설명했다.

이 방식은 고구마 캐기와 비슷하다. 읽었던 책에 대한 기억은 시간이 지나면 자연스럽게 희미해진다. 하지만 직접 찾아 적어둔 코어 워드를 가지고 있다면 언제든 그 책의 핵심 내용을 캐내듯 꺼내서 볼 수 있다. 만약 읽은 책이 50권이라면 코어 워드를 살펴보는 것만으로도 우리의 뇌는 50권의 책으로 샤워를 하게 되는 셈이다. 코어 워드를 통해 이전에 읽었던 책의 내용이 자연스레 머릿속에 떠올라 정리되기 때문이다.

어떤 책을 먼저 읽으면 좋을지 막연하다면 1,000권을 읽은 사람에게 10권의 씨앗 도서를 추천받는 방법을 권한다. 그 10권이 나의 상황과 전부 일치하지는 않겠지만, 그중 3권만이라도 내 고민과 물음에 힌트를 준다면 그 책들이 마중물이 된다. 코어리딩 기법들을 활용해 그 3권의 책에서 내 문제해결에 필요한 핵심만 추려내는 것이다. 또한 1,000권의 책을 읽는 것도 좋지만 20권의 책을 5번씩 반복해서 100번을 읽는 방식으로 책을 읽는 것도 좋다. 이런 독서법을 통해 핵심을 찾는 눈이 더욱 예리해지는 것을 체험할 수 있다. '구슬이 서 말이라도 꿰어야 보배'가 되듯이 많이 읽어도 핵심을 파악하지 못하고, 내 문제와 연결하지 못하면 아무 소용이 없다. 내 문제를 해결하는 데 유용하게 활용할 수 있을 때 비로소 그 책은 소중한 보배가 된다.

창조력은 결국
편집력에서 나온다

인공지능이 발달해서 사람들의 일자리를 빼앗는다고 걱정하지만 여전히 사람만이 할 수 있는 일이 있다. 사람만이 가진 능력이 필요한 일들이다. 인공지능이 대체할 수 없는 사람의 고유한 능력에는 협상력, 토론력, 정보처리력, 문제해결력, 창조력 등등이 있다. 하지만 여기서 특히 주목하는 능력은 스스로 정보를 삭제하고 재구성하는 능력이다. 이 능력은 다른 말로 '편집력'이라 부른다. 그리고 이것이야말로 기계와 인간을 구별하는 특징적 능력이다.

편집력은 나만의 관점으로 나만의 액션을 취하는 것

마쓰오카 세이고 편집공학연구소 대표는 "이미 20세기에 모든 요소가 다 나왔습니다. 21세기는 그 요소를 조합하는 일만 남았을 뿐입니다."라는 말로 편집력의 중요성을 이야기했다. 기억과 재생, 정보처리 능력은 컴퓨터가 훨씬 뛰어나다. 하지만 컴퓨터는 선택적 망각을 하지 못한다.

인간의 뇌는 쉴 새 없이 들어오는 과잉정보를 모두 기억할 수 없다. 뇌의 용량에 한계가 있어 가지치기를 통해 정보를 줄여야 하기 때문이다. 그렇게 추려낸 정보들을 단기 기억으로 저장하고 그중 유의미한 것만 남겨 장기 기억으로 저장한다. 이러한 선택적 삭제 능력은 인간만이 가진 능력이다.

같은 콘셉트의 예능 프로그램도 어떤 PD가 편집하느냐에 따라서 시청자들의 반응이 사뭇 달라진다. 출연진의 캐릭터를 어떻게 설정하느냐, 어떤 상황을 부각시켜 재미를 높이느냐, 또 어떤 것들을 과감하게 덜어내느냐, 어떤 자막을 어느 포인트에 집어넣느냐에 따라 예능의 퀄리티가 달라진다. 그리고 이런 차이를 만드는 것이 바로 PD의 능력이다.

《책을 읽는 사람만이 손에 넣는 것》의 저자 후지하라 가즈히로 Fujihara Kazuhiro 역시 편집력을 갖고 있는 사람이야말로 진정한 실력자라고 말한다. 그는 편집력을 정보처리력과 정보편집력으로 나누어 설명한다. 정보처리력은 조금이라도 빨리 정답을 찾아내는 힘이고, 정보편집력은 익힌 지식과 기술을 조합해 모두가 수긍하는 답을 도출하는 힘이다. 지금 중요한 것은 정보편집력이다.

지금 우리는 인공지능이 이끄는 4차산업혁명의 시대를 살고 있으며, 이 시대에는 정답이 아닌 해답이 필요하다. 문제를 해결하는 답은 고정된 하나만 있는 것이 아니라 무수히 많을 수 있다. 우리 각자가 가진 지식과 정보를 다양한 방식으로 조합해 역시 그만큼 다양한 대안을 제시할 수 있다. 그 과정에서 우리 각자는 나만의 관점으로 나만의 세계관을 만들어낼 수 있어야 한다. 다시 말해 편집력을 통해 남다생^{남과 다른 생각}과 남다행^{남과 다른 행동}을 강화함으로써 스스로를 차별화할 수 있어야 한다는 말이다.

정보편집력을 키우는 데 도움을 주는 5가지 방법

김정운 교수는 《에디톨로지》에서 "좋은 지식의 기준은 '편집 가능성'에 있다. 현재 진행형의 세계와 상호작용하며 변화를 가능케 하는 주체적 행위가 가능한 지식이 좋은 지식이다. 편집 가능성이 있는 지식이 좋은 지식인 것이다."라고 말한 바 있다. 어떤 상황에서도 자신이 알고 있는 모든 지식을 편집해 해답을 찾는 능력, 즉 편집력을 갖춘 사람만이 진정한 실력자라는 의미다.

그렇다면 이토록 중요한 정보편집력은 어떻게 키울 수 있을까? 그 5가지 방법은 다음과 같다.

- 소통하는 힘
- 논리적으로 생각하는 힘

- 시뮬레이션하는 힘
- 롤 플레잉하는 힘
- 프레젠테이션하는 힘

이 5가지 방법에 대해 구체적으로 살펴보자.

첫 번째는 '소통하는 힘'이다. 소통하는 힘이 정보편집력을 키우는 첫 번째 관문인 이유는 무엇일까? 자료는 나에게도 의미가 있어야 하지만 내가 하는 일에 도움이 되어야 한다. 그리고 나를 둘러싼 모든 것들과의 관계에서도 유용하게 활용되어야 한다. 나와 일, 나와 타인에 대한 명확한 이해와 쓰임을 고려하는 과정에서 소통력이 좋아지고, 이것을 통해 정보편집력도 향상된다. 또한 소통력이 좋은 사람은 책이든 타인의 의견이든 왜곡 없이 바르게 이해하고, 유용한 정보를 제대로 찾아내기에 소통 능력은 정보편집력에서 매우 중요하다.

두 번째는 '논리적으로 생각하는 힘'이다. 생각이든 말이든 두서없이 펼치면 요점이 불명확해진다. 따라서 어떤 주장이나 생각을 펼치려면 먼저 근거와 이유를 찾고, 그것을 일목요연하게 정리하기 위해 맥락과 흐름을 살펴야 한다. 생각이 뒤죽박죽 엉키지 않도록 맥락과 흐름을 고려하는 연습을 하면 정보편집력을 기르는 데 도움이 된다.

세 번째는 '시뮬레이션하는 힘'이다. 내가 생각한 것이 실현 가능성이 있을지, 실제로 잘 구현될지 여부는 생각만으로는 알 길이 없다. 빨리 시제품프로토타입을 만들어서 다각도로 피드백을 받고 한 사이클을 돌려보는 것이 중요하다. 그 과정에서 오류와 장단점을 파악해 개선해나가야 한다. 언제나 성공의 힌트는 실행에 숨겨져 있다.

네 번째는 '롤 플레잉하는 힘'이다. 시뮬레이션을 통해 얻게 된 메시지 중에서 가장 핵심이 되는 개념을 실제로 접목해보는 것이다. 자신뿐만 아니라 주변 사람들도 함께 적용해보도록 하면서 보편적으로 활용 가능한 것인지 체크한다. 이런 과정을 통해 정보편집력은 더욱 단단해진다.

다섯 번째는 '프레젠테이션하는 힘'이다. 프레젠테이션을 하려면 그 주제에 대해 거의 완벽하게 꿰뚫고 있어야 한다. 이는 정보편집력이 무르익은 단계에서 가능하며 프레젠테이션을 통해 정보편집력은 더욱 강력해진다. 이 단계에 이르면 다른 사람이 그 분야를 시작하거나 시도할 때 좀 더 쉽게 핵심을 찾아 접목하거나 실수를 줄이도록 도와줄 수 있다.

바인더 노트로 자기 이론을 구성하라

정보편집력을 키우려면 독서 후 기록을 할 때 바인더 노트를 활용하는 것이 좋다. 물론 일반 노트에 코어 메시지를 적거나 자기 생각을 정리하는 것도 가능하지만 중간 중간 내용을 추가하기 어려운 단점이 있다. 그러므로 언제든 내용을 추가해서 링에 끼울 수 있는 바인더 노트가 실용적이다. 바인더 노트는 내용을 추가하는 것은 물론 언제든 내용을 뺄 수도 있으므로 나만의 편집이 가능하다.

바인더 노트를 사용해 기록하면 자기 이론 구성이 쉬워진다. 김정운 교수는 《에디톨로지》에서 일반 노트와 카드를 활용해 이 개념을 설명했지만, 나는 편집이 더욱 쉬운 바인더 노트를 추천한다. 옆의 지식카드를 보며 그 차이점을 살펴보자.

일반 노트와 별반 다르지 않아 보이지만 왼편에 보면 링을 끼울 수 있는 구멍이 뚫려 있다. 링이 있는 바인더 안에 자유자재로 넣고 뺄 수 있는 이 노트가 100장이 넘어가면 책처럼 색인 인덱스로 자료를 분류할 수도 있다.

지식카드에는 먼저 문제를 해결하기 위한 코어 퀘스천을 기록한다. 그리고 책을 읽으면서 해답을 찾는 데 필요한 내용을 적고 마지막에 나만의 생각을 적는다. 다 적은 후에는 오른쪽 상단에 있는 태그를 이용해서 지식을 분류할 수 있다. 각각의 코어 퀘스천을 중심으로 작성한 지식카드가 100장, 500장이 넘어가면 주제별, 영역별로 분류해 자신만의 지식체계를 만드는 단계까지 나아갈 수 있다. 이렇게 쌓인 지식카드는 나만이 가진 훌륭한 데이터베이스가 된다. 결국 편집력을 이용해 지식전문가로 태어날 수 있는 것이다.

지식카드 [코어심화형] V1.2 　　　　　作成日時 : 2020 . 4 . 20 (月)

질문	태그
C.Q 포스트 코로나시대, 경영은 어떻게 변해야 하는가?	#포스트 코로나 # 역경속에 피어난 꽃

책 제목	〈팬데믹 이후 바뀔 내 인생 설계법〉	저 자 명	MKTV 김미경TV

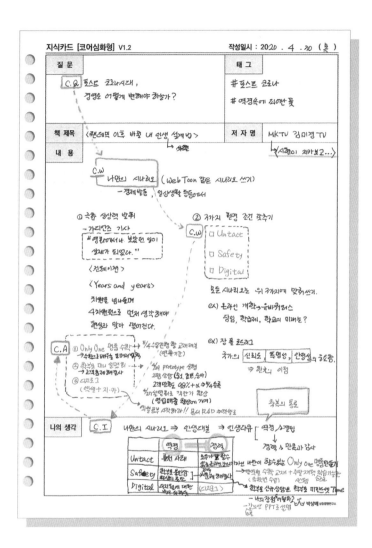

내 용

〈시련이 치카보고...〉

C.W 나만의 시나리오 (WebToon 같은 시나리오 쓰기)
- 경제활동, 일상생활 등등에서

① 극한 상상력 발휘
→ 가디언즈 기사
"영화에서나 보았던 일이 실제가 되었다."
〈컨테이젼〉
〈Years and years〉
차원을 넘나들며
4차원으로 먼저 생각해야
현실과 맞아 떨어진다.

② 4가지 환경 조건 갖추기
C.W □ Untact
　　□ Safety
　　□ Digital

모든 시나리오는 위 3가지에 맞춰쓰기.
ex) 온라인 개학 → 유비쿼터스
임임, 학급제, 학교의 미래는?

ex) 장품 코스트라
국가의 신뢰도, 투명성, 안정성의 중요함.
⇒ 한국의 이점

C.A ① Only One 명품 수학 →
- 수학으로배움 포기자 방지
② 학부모 맴버십 →
- 고객층에 함께 감사
③ 대리조교
(액션+지·카)

5/4 수강완료 한 고객재남
(연류기간)
1/4 prototype 성행
2명 상향 (3월, 2월, 승마)
고객만족도 98% + α → 5/4 증축
5/20 설명회초 최근가 참석
(영업매출 최고원에 거래)
직원공부 시작하라!! 뭐니 R&D 주연생조

축보의 통로

나의 생각	C.I	나만의 시나리 ⇒ 인생대비 → 인생자유

역경 △경영
→ 경영 △ 만족과 감사

	역경	경영
Untact	불편 사태	요수가 발 할수
Safety	환경을 중시함	
Digital	일자리에 대한	〈대기기〉

- 나의 강점의 특화
- 강점만 PPT로 설명
16분
꼬 박상배 성공경영연구소

지식카드로 완성되는
지적 자본가의 길

지식 편집력을 높이기 위한 가장 실전적인 방법은 지식카드를 작성하는 것이다. 잘 정리해둔 지식카드는 나만의 지식 데이터베이스 역할을 하기에 그 무엇보다 든든한 자산이 된다. 그럼 지식카드를 어떻게 작성하고 활용해야 할지 그 방법을 자세히 알아보자.

기본적인 지식카드 작성법

자신이 해결하고 싶은 문제를 질문 칸에 적는다. 여기 적힌 질문은 '코어리딩 심화 4기 100퍼센트 수강생 인증을 위해 코치로서 해야 할 일은 무엇인가?'이다.

오른쪽 상단에 자리한 태그란에는 지식카드에 기록한 내용을 나

질문	태그
C.Q 코심4기 100% 인증을 위해 코치로서 해야 할일은 무엇인가?	# 코칭 # 허칭
책 제목 　코심4기 핵심격 Ⅱ	저자명

내용

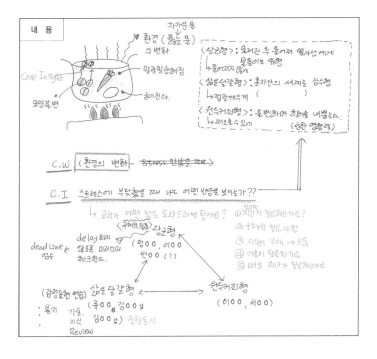

C.W ⟨환경의 변화 - stress 만났을 때⟩

C.I 스트레스에 부딪혔을 때 나는 어떤 반응을 보이는가??

나의 생각

□ 본인이 어떤 상태인지 (마음챙김)
(Level 즉시) → 코치에게 미리 알려주라
감정

C.A 코심4기 코칭 時 전화상담할 때 적용하자.

- 당근형 : 너무 물러지지 않기~
- 삶은달걀형 : 껍질 깨주기~ 껨 수있게
  ⟨출탁동시⟩
- 원두커피형 : 퍼오를 수 있기~
  (자극), 동기부여 (Push)
  책임감 (동기챙기기)

타낼 수 있는 키워드를 적는다. 태그는 검색을 쉽게 하는 데 도움이 되고 향후 지식카드가 축적되면 섹션 분류에 활용된다. 자신만의 내적 기준에 따라 기록하기 때문에 자신이 알아보기 쉬운 단어를 적으면 된다.

질문과 태그란을 채웠다면 책 제목란에 자신의 책장 또는 서점에서 질문에 대한 해답의 힌트가 들어 있을 법한 책을 선택한 후 책 제목을 적는다. 책이 아닌 다른 자료나 회의 내용도 상관없다. 여기 제시된 샘플은 코어리딩 심화과정 4기 회의 주제로 진행한 사례다. 그래서 책 제목란에 '코심4기 핵심력 II'라고 적었다.

이 지식카드 작성자는 문제를 해결하기 위해 먼저 참가자를 당근형, 삶은달걀형, 원두커피형으로 나눴다. 그리고 3가지 유형의 사람을 각기 어떻게 코칭해야 하는지를 적었다.

최종적으로 '나의 생각'을 적는데 기록한 책의 내용에 대한 자신의 의견이나 거기서 파생된 질문 혹은 아이디어 등을 메모하면 된다. 추가로 '실행한 내용' 즉 액션까지 함께 적으면 더 좋다.

업무상 회의를 하거나 공부를 할 때 혹은 다른 책을 읽으며 지식을 확장해나갈 때 지식카드를 활용하면 자신만의 생각 퍼즐을 정리하기 쉽다. 이런 지식카드가 한 장, 두 장 쌓여서 10장, 20장이 되고 50상이 넘어가면 주제별로 분류해 책자를 만들 수 있다.

만일 여러분이 어떤 영역이든 하루에 1~3장의 지식카드를 작성해서 모은다고 해보자. 그러면 1년에 300장에서 1,000장이 넘는 지식카드가 만들어진다. 이 지식들은 여러분이 업무나 학업, 그 외

여러 문제에 봉착했을 때 도움을 주는 가장 훌륭한 데이터베이스가 된다.

문제에 처한 후에야 해결책을 찾는 것은 시간도 많이 걸릴 뿐 아니라 마음이 급해 제대로 된 해결책을 찾기가 쉽지 않다. 반면 축적된 나만의 지식 데이터베이스가 있는 경우라면 이야기가 달라진다. 필요한 걸 꺼내기만 하면 되므로 문제해결 시간이 단축되고 업무나 학업의 업그레이드도 쉬워진다. 지식 데이터베이스를 쌓아 도움을 받는 것은 비단 업무나 학업에만 국한되지 않으며, 인생 전반에 걸쳐 모든 문제에 적용 가능하다.

나만의 필살기, 나만의 노하우를 얼마나 갖고 있느냐는 지적 자본가가 되는 데 있어 중요한 열쇠가 된다. 자신만의 지식체계를 갖는다는 것은 성취하는 삶을 살 준비를 갖췄다는 의미이기도 하다.

지식카드 작성을 통해 일타강사가 된 선생님

성인들에게 학교 다닐 때 제일 싫어했던 과목이 무엇인지 물어보면 수학 과목을 꼽는 사람이 많다. 요즘 아이들이라고 다를까? 《내 아이만큼은 수포자가 아니었으면》이라는 책 제목이 나올 정도로 예나 지금이나 수학은 좀처럼 가까이하기 어려운 과목이다. 특히 요즈음은 초등학교 4학년 과정에서 유리수 개념과 어려운 도형의 개념을 배우기 시작한다. 확장된 수학의 개념을 배우는 시기인 동시에 많은 학생들이 수학을 포기하는 시기이기도 하다.

그런데 수포 학생도 중고등학교 상위권에 진학시키는 수학 선생님이 있다. 그 주인공은 '생각이크는교실'의 박진희 원장님이다. 그녀는 코어리딩을 통해 학생들이 수학의 개념을 좀 더 쉽게 이해하고 문제를 풀 수 있도록 해주었다. 또한 수학을 포기하려는 학생들이 수학을 가장 재미있는 과목으로 인식하게 만들어주었다.

▶ 지식카드 작성의 실례

먼저 학생들에게 직접 오답노트를 작성하게 하고, 그것을 통해 수학에 흥미롭게 접근할 수 있는 관점을 제시했다. 코어리딩 편집력을 접목한 방식이다. 학생들이 스스로 자신이 공부한 내용과 그것에 대한 피드백을 작성함으로써 주도적인 학습을 가능하게 한다.

수학 실력 향상을 위해서는 메타인지를 높일 필요가 있다. 그 방법 중 대표적인 것이 '자각-생각-개선'을 돕는 오답노트 공부법이다. 오답노트 공부법의 핵심은 모르는 것을 알아가는 과정에 있다. 문제를 풀 때 모르는 것은 틀린 문제를 의미한다. 틀린 문제를 효과적으로 처리할 수 있는 방법이 바로 오답노트 작성이다. 틀린 것만 모아 집중적으로 반복해 풀며 내 것으로 만든다.

옆 페이지와 그다음 페이지에 그 예제 이미지를 실었다.

오답을 단원별, 실수유형별로 분류하여 개수를 파악하자

단원명	페이지	번호	실유번호	확인	단원명	페이지	번호	실유번호	확인
1단원	P.24	16	㉢		6단원	P.163	36	㉢	O
1단원	P.29	1	㉡	✓	6단원	P.165	2-2	㉣	O
1단원	P.29	1-1	㉣		6단원	P.166	3-1	㉢	O
1단원	P.29	1-2	㉡	✓	3단원	P.71	6	㉢	O
1단원	P.32	4	㉢	O	3단원	P.82	1-1	㉠	O
1단원	P.33	8	㉢	O	3단원	P.91	17	㉣	O
1단원	P.35	18	㉣	O	**실력보강**				
2단원	P.44	12	㉡	O	1단원	P.6	12	㉢	O
2단원	P.52	31	㉢	O	1단원	P.10	15	㉡	✓
2단원	P.56	3-2	㉠	O	3단원	P.28	16	㉠	O
2단원	P.59	9	㉠		4단원	P.36	15	㉠	O
2단원	P.59	12	㉡	O					
2단원	P.63	17	㉠	O					
2단원	P.63	20	㉣	O					
4단원	P.101	2	㉠	O					
4단원	P.110	16	㉠,㉢	O					
4단원	P.111	24	㉠	O					
4단원	P.120	9	㉣	O					
4단원	P.122	4	㉠	O					
4단원	P.124	17	㉡	O					
5단원	P.138	29	㉢	O					
5단원	P.139	36	㉢	O					
5단원	P.144	4	㉢	O					
5단원	P.145	1	㉢						
6단원	P.160	15	㉡	O					
6단원	P.160	16	㉡	O					

실수유형 : ㉠계산실수 ㉡문제이해 ㉢문제읽기 ㉣옮겨적기 ㉤기타

수학을 잘 하려면 오답을 분석해 보세요.

1. 교재명 : 초등수학 기본+응용 틀

2. 오답수 : 36개

3. 오답을 단원별로 분류하세요.

단원	개수
1단원: 수의 범위와 어림하기	9개
2단원: 분수의 곱셈	7개
3단원: 합동과 대칭	4개
4단원: 소수의 곱셈	7개
5단원: 직육면체	4개
6단원: 평균과 가능성	5개

4. 오답을 아래의 기준으로 분류하세요.

틀린 유형	개수
㉠ 계산실수	9개
㉡ 문제이해	7개
㉢ 문제읽기	13개
㉣ 옮겨적기	1개
㉤ 기타	7개

5. 위의 3번, 4번을 막대그래프로 그리시오.

6. 오답분석후에 느낀점을 쓰시오.

다른때에 비해 문제 읽기 부분의 오답이
많다.
　　　→ 다른 때에 비해 집중력이
　　　　부족할때가 있었다.

7. 향후 어떻게 해야 할지 쓰시오.

단순한 실수를 줄이기 위해 문제풀때 좀더 집중해서 푼다.
1. 책상 앞에 그래프를 프린트 해서 붙여 놓는다
2. 문제를 다 푼 후에 다시 한번 읽어 본다.
3. 자꾸 실수하는 부분에 체크를 한다.

▶ 오답노트 작성 ① 밑줄 긋기

문제를 풀 때 문제 읽기가 매우 중요하므로 문제의 핵심은 빨간색 펜으로, 주어진 조건은 노랑색 형광펜으로 밑줄을 긋는 것부터 훈련했다.

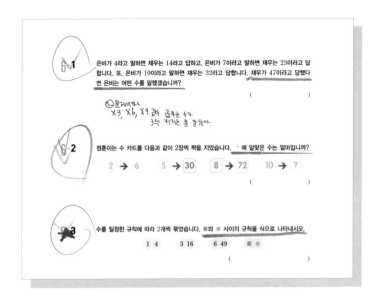

▶ 오답노트 작성 ② 틀린 문제 풀기

틀린 문제를 오답노트에 구체적으로 풀도록 지도했다. 그러다 보면 실수의 패턴을 찾을 수 있게 되며, 실수한 과정까지 정리하고 되새김으로써 자신만의 문제 풀이 노하우가 축적된다. 다음에 나오는 이미지가 그 예다.

실수유형	풀이	계산

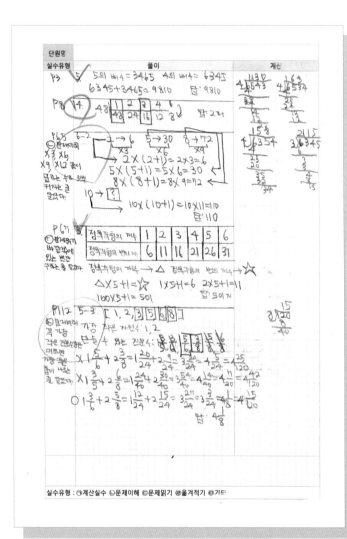

▶ 오답노트 작성 ③ 오답 목록에 틀린 문제 정리하기

아래 그림처럼 목록을 만들어 틀린 문제를 정리한다.

▶ 오답노트 작성 ④ 3별 문제 카드 작성하기

오답노트에 있는 문제를 세 번 이상 틀렸을 경우 또 다른 양식인 '3별 문제 카드'에 문제를 쓰고 구주이배로 분석하게 한다. 그런 후 그림이나 표를 그려서 해결하도록 지도한다.

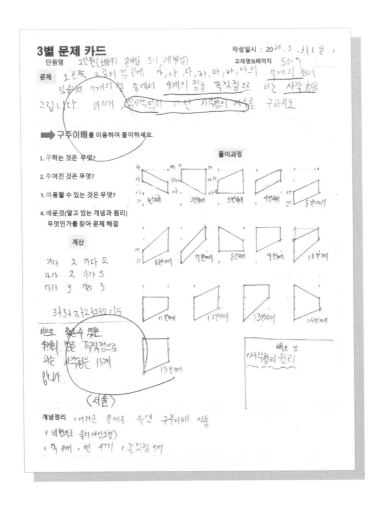

박진희 선생님은 학생들이 지식카드를 활용하면서 자신만의 풀이 방법을 갖게 되었다며 이렇게 말한다. "혼자 힘으로 과제를 해결하면서 개념은 정교해지고 실수 패턴은 줄어들면서 생각하는 힘이 길러졌어요. 이 과정이 수업마다 반복되면서 수학에 대한 자신감이 커졌다는 점이 가장 의미 있는 효과라고 할 수 있습니다."

지식편집력으로 업그레이드 된 삶

박 선생님 자신도 끊임없이 셀프 스터디를 하며 지식카드를 적극 활용하고 있다. 덕분에 당당한 선생님이 되기 위한 마인드셋을 지속적으로 강화할 수 있었다고 한다. 이렇게 정리된 지식카드는 '생각이크는교실 바인더'에 들어가는데 분류 폴더 제목은 '효과적인 수학 공부법이란 무엇인가?'이다.

박 선생님은 지식카드를 작성하기 전에는 사고의 체계가 뒤죽박죽이었는데, 지식카드를 작성한 후로는 일을 대하는 출발점이 달라졌다고 한다. 그래서 문제를 해결할 때 언제나 질문으로 시작한다고 전한다.

"질문은 해결책을 찾는 일종의 네비게이션이 되었어요. 호기심이 뇌를 자극했고 그 자극이 문제해결의 실마리를 찾는 데 초집중하게 해주었습니다. 지식카드를 쓰기 시작한 것도 문제해결 방법의 일환이었어요."

질 문		태 그	
나에게 당당하고 남다른 프로로 성장하려면?		#태도　#성장 #습관　#그릇 #재능	
책 제목	매경 - 최인아 책방 대표	저자명	박진희

내 용

C.\) "태도가 경쟁력이다"

CQ 무엇이 재능에 싹을 틔우고 꽃으로 파어내는 걸까? 태도

① 너무 일찍 조절하려거나 교만하지 않는 태도

② 당장, 결과가 보이지 않아도 존비하며 재능을 갈고 닦는 태도

③ 함께 일한 사람들이 다시 일하고 싶게 하는 태도

④ 그때 그때의 유행에 편없이 흔들리지 않고 자신이 원하는 것을 알아채고 집중하는 태도

⑤ 멪번의 실패 속에서도 끝내 자신을 믿고 존중하는 태도.

↳ 재능은 이런 태도를 만나야 비로소 아름답게 꽃핀다.

C.I " 씨앗없이도 꽃이 피지 않지만 씨앗을 심었다고 모두 꽃파운 것은 이다다" ⇒ 우리 안의 재능을 꽃피우는 것이 바로 " 태도다

나의 생각

C.A : 교만하지 않고, 당장 결과가 보이지 않아도, 멪번의 실패속에서도.
자신을 믿고, 상대방의 마음이 따뜻 진실으로 행동하라! 의식적인 노력
→ P.M.시점 우화. ↳ "건강 전도사"
↳ "따뜻함은 건강 전도사" = 튼튼감 전도사 　　가치 있는.

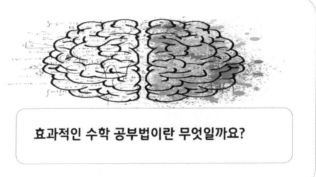

효과적인 수학 공부법이란 무엇일까요?

'문제를 해결하려면 어떻게 행동해야 할까?'에 초점을 맞추고 그 문제를 해결하기 위해 지식, 태도, 기술, 시간, 관계, 보상, 마음가짐 등의 측면에서 생각에 생각을 더했다. 그 과정에서 책이나 다른 자료들을 통해 해결의 실마리를 찾았다. 그리고 실마리로부터 구체적인 액션을 도출해 직접 실천하면서 문제를 해결했다. 즉 구체적이고 명확한 액션을 도출하고 행동할 수밖에 없는 환경이 설정된 셈이다. 그 환경설정 덕분에 매일, 자주, 꾸준히, 즐겁게 반복하는 자신만의 시스템을 세팅할 수 있었다.

이뿐 아니다. 지식카드 덕분에 다양한 프로젝트들을 성공시킬 수 있었으며, 작은 성공의 경험이 쌓이면서 끝까지 지속하게 하는 원동력이 되어주었다. 무엇보다 커다란 목표를 작게 나누어 하나씩 탐색하고 실행함으로써 최종 목표를 달성할 수 있도록 사고체계가 바뀐 것이 가장 큰 소득이다. 박 선생님이 작성하고 활용한 지식카드 몇 가지를 다음 페이지에서 샘플로 제시해본다.

박 선생님은 코어리딩의 매력으로 편집력을 꼽았다. 자신이 작성한 지식카드를 태그별로 정리하는 과정에서 관찰력과 상상력이 무한 발동되어 놀라운 아이디어를 도출할 때가 있다고 전했다. 그 아이디어를 실생활에 접목시켜 실행하면서 짜릿함을 맛보기도 한다며 이렇게 말했다.

"편집력의 힘은 축적된 지식카드에서 나옵니다. 축적된 지식카드로 생각 채굴, 관점 채굴, 문제해결 실마리 채굴을 하며 실행력을 높일 수 있죠. 그러한 실행으로 야금야금 삶의 변화를 일으키고 어제

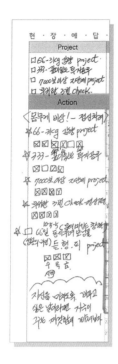

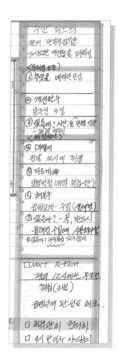

2019년 3월 행복 습관 프로젝트

보다 나은 삶을 살 수 있는 나만의 시스템을 만들 수 있어요. 코어리
딩이야말로 주체적인 삶을 살아가는 원동력입니다."

1Q3R은 하이퍼포머를 만드는 죽비

책을 읽는 사람들 중 그 내용을 관통해서 자신만의 지식체계를 만드는 사람은 소수에 불과하다. 상담을 하다 보면 이런 질문을 종종 받는다.

"작가님처럼 독서를 좋아하고 많은 책을 읽는 분들은 책을 통해 점프업하는 것이 비교적 쉬울 거예요. 하지만 평범한 사람들이 일상에서 많은 책을 읽기란 버거운 게 사실입니다. 적은 책을 읽고도 지식을 관통하는 메시지를 찾고, 자신만의 지식체계 만들 수 있는 방법은 없을까요?"

나는 그때마다 '책 읽기에 시간을 투자하지 않고 성과만 얻으려 하다니…'라고 생각했다. 그냥 게으른 이들의 푸념으로 여겼다. 하지만 이후로도 그런 질문을 하는 이들이 적잖았다. 그래서 '생각보다 많은 사람들이 이런 고민을 한다면 해결책이 필요하겠다'는 생각에 이르게 되었다.

1개의 질문을 3권의 책으로 해결하다

그러던 중 2017년 11월 말 즈음 김장을 담그는 연례행사에 참여할 일이 있었다. 거기서 한 가지 양념으로 갓김치, 파김치, 총각김치를 버무리는 것을 보고 놀라움을 경험했다. 양념은 같은데 재료만 다르다는 사실을 보고 순간 머릿속에 뭔가가 번쩍 떠올랐다. '하나의 질문'으로 다른 책을 엮을 수 있겠구나! 마치 하나의 양념으로 다양한 김치를 만드는 것처럼 말이다.

자신이 해결하고자 하는 문제가 담긴 질문을 중심에 두고, 그것을 해결할 힌트가 들어 있는 책 3권을 고른다. 데드라인을 정해놓고 그 책을 읽는다. 그리고 그 책들에서 문제해결에 필요한 힌트를 찾아낸다. 이런 방식이면 힘들이지 않고 그들의 고민을 해결할 수 있겠다 싶었다.

'1Q3R'은 'One Question, Three Reading', 즉 하나의 질문을 갖고 각기 다른 책 3권을 읽고 정리해 실행하는 코어리딩 방법을 일컫는다. 이것은 성장경영연구소를 거쳐간 50기수가 넘는 수강생들이 가장 열렬하게 좋아했던 프로그램이다. 그리고 이 프로그램은 적은 시간을 들여 효과적인 책 읽기 방법을 문의한 이들 덕분에 만들어졌다. 역시나 질문이 있었기에 해답이 찾아진 것이다.

앞서도 말했듯 후지하라 가즈히로는《책을 읽는 사람만이 손에 넣는 것》에서 '편집력의 시대가 왔다'는 메시지를 강조했다. 이런 정보편집력의 시대에 가장 필요한 것이 바로 1Q3R독서법이다. 하나의 질문을 해결하기 위해 전혀 다른 3권의 책을 씨줄과 날줄로 엮는 것. 이 방법은 빠른 시간 안에 임계점에 다다르고 생각의 점프업을 경험하고 싶은 이들에게 매우 유익하다. 이제부터 1Q3R독서법의 구체적인 방법을 실제 사례를 통해 익혀보도록 하자.

실제 사례로 알아보는 1Q3R 작성 방법

컨설팅 의뢰가 들어온 기업에서 팀문화 개선을 위한 아이디어 자문을 받고 싶다는 연락이 왔고, 그것을 준비하는 과정에서 1Q3R을 작성한 사례다.

먼저 다음과 같은 질문을 제시한다. "성과가 있는 팀문화를 만들기 위한 원씽은 무엇인가?" 이 질문을 해결하기 위해 서점으로 간다. 제일 먼저 눈에 띈 책은 〈뉴욕 타임스〉에 실렸던 기사 '탤런트 코드'로 유명한 대니얼 코일Daniel Coyle의《최고의 팀은 무엇이 다른가》다. 그다음으로는《초고속성장의 조건 PDCA》가 눈에 들어왔다. 손정의 수행비서로 활동한 저자의 이력이 호기심을 끌어 선택했다. 집에 돌아온 후 서재에 있는 책 중에서《아침 청소 30분》을 골라 3권의 책을 모두 선택했다.

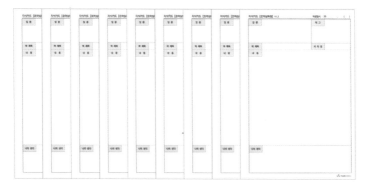

책 1권당 지식카드 3장이다. 3권이므로 지식카드 9장을 준비한다. 9장의 지식카드에 하나의 질문 '성과가 있는 팀문화를 만들기 위한 원씽은 무엇인가?'를 적어 넣는다. 그런 후 책별로 질문에 대한 힌트와 아이디어를 적는다. 책 페이지를 적고 핵심 내용을 간단하게 옮겨 적으면 된다.

그다음으로 하단에 있는 나의 생각란을 작성한다. 이 공간에는 자신의 생각과 느낌을 적는다. 그리고 문제해결을 위해 해야 할 일

질문		태그
④ 성과가 있는 청소 안듣가위한 one-thing?		#현장정비 -회사 UP #청소경영 성과
책 제목	〈 아침청소 3엽 〉	저 자 명　교야마노보루 / 박성배

내 용

3P미 청소작업과 직장 환경의 정리정돈을 통해 사원들에게
업무에 대한 동기의식은 심어준 회사. 몇년사이에 경영이익을
3배로 늘린회사 사례 多

→ How

& 어떻게 "청소" 하나로 회사와 조직이 크게 개선될수 있을까?

➡ 청소야말로 조직을 장악해 유능한 인재를 육성하는 최상의
수단이기 때문이다. 유능한 인재 커위지면 조직 (회사) 개선된다.

4P미 "청소를 통해 마음에이른다" 통해 내가 전하고자 하는 뜻은
"가르친대로 하는것" 이다.

→ 왜냐하면 사장이 가르치라 하는것 뒤에는
수십년 동안 되풀이해온 시행착오의 역사 축적 되어 있기 때문

나의 생각　대나의 큰일 SVS Team과 C야마보루 "일한 정리정돈" 안에
연결 고리는 무엇일까?　전사적용
　　　➤ 다른듯 유사한 SP까닭有
Before　(safety)　　　한현장정비전략
After 변화론　(Story) (Vulnerability성)　리스켓일 하면서 동선새. Team 활동시

149

과 하지 말아야 할 일 등도 적는다.

나의 생각을 작성한 후에 마지막으로 할 일은 태그란에 핵심 키워드를 적는 것이다. 자신만의 개념어를 적어도 좋다. 자신이 쉽게 정리하고 알아볼 수 있는 것이어야 하기 때문이다.

참고로 저자명을 작성할 때는 저자 이름 옆에 본인 이름도 함께 적는다. 지식카드를 작성하면 책의 내용뿐 아니라 자신의 생각과 감상도 적게 되므로 또 다른 저자라는 의미로 해석해도 좋다. 그 지식카드에 한해서는 공동 저자인 셈이다.

질문	IQ 3R [종합] 성과가 있는 文化 One-thing?	태그	# 성과팅 DNA 〈 변혁핵심 행동 〉
책 제목		저자명	박상배

내용

〈성과팡타원씽〉

① 최고의 혁
무엇이 다른가? 대박
영운

SVS

Safety (안전)

Vulnerability
〈 팅침 〉　　3개
　　　성공 code　　　Story
　　　　　　　〈 공동 이정표 〉

② 천교육선장조건
— 마키다개벽

• 보통人 성장느낌
[1 개인안위] 피드백

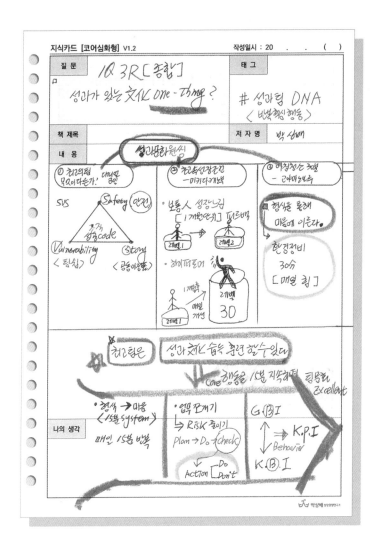

레벨1　　→　　레벨2

• 하이퍼투어

　　　1개월측
　　　매일
　　　개선
레벨1　　레벨
　　　　　30

③ 어장청스 적용
— 루아마드보쉬

■ 형사를 통해
마음에 이른다.

한정정비
30今
[매일 칭]

나의 생각

★ 천교팀은 〈 성과 文化 습득 훈련 할수 있다 〉

Core 행동을 15분 지속하면 링명라 2x cellent

• 형사 → 마음
〈 15분 system 〉

매일 15분 반복

• 업무 쪼개기
↳ RISK 줄이기
Plan → Do (check)

↓ ─ Do
Action ─ Don't

G.(B)I

↑ → K.P.I
↓　 Behavior

K.(B).I

박상배 성장생각연구소

1시간 중 책을 30분간 발췌독하고 나머지 30분간 지식카드를 작성한다. 그리고 10분 휴식. 이렇게 두 번 더 반복하면 예시로 제시한 것처럼 9장의 지식카드가 작성된다. 책 1권당 3장의 지식카드 작성이 가장 좋지만 처음에는 버거울 수 있으니 1권당 2장씩 시도해보는 것도 괜찮다. 9장의 지식카드를 한눈에 보이도록 펼쳐서 최종 마무리한다. 이렇게 9장의 지식카드를 모아 다시 정리해 1Q3R의 최종 결과물 카드 1장으로 정리한다.

지식카드 9장 중에서 미팅 시 자신이 전하고 싶은 메시지를 뽑아서 '성과가 있는 문화를 만들기 위한 원씽' 개념을 프로토타입으로 만들어본다. 이렇게 1Q3R을 활용해 해결안을 도출하면 컨설팅 미팅에서 분명 유용한 자료로 쓰일 것이다.

지식카드를 작성할 때 3권이 모두 책일 필요는 없다. 책 대신 유튜브 영상 콘텐츠를 활용해도 좋다. 책 2권과 영상 1편, 혹은 영상 3편을 보면서 지식카드를 작성해도 된다. 중요한 것은 질문을 해결하는 데 필요한 콘텐츠를 잘 골라서 지식카드를 작성하는 것이지 책이냐, 영상이냐는 중요하지 않다.

이런 방식으로 책 30권을 읽고 정리해보면 배경지식과 체계를 잡는 공부에 도움이 된다는 걸 몸소 체감할 것이다. 그리고 이런 지식카드가 100장이 넘어가면 지식이 축적되면서 한 분야의 지식이 일목요연하게 정리되는 경험이 쌓인다.

1Q3R은 개념설계 역량을 키우는 훌륭한 도구

서울대 공대 26명의 석학들이 한국 산업의 미래를 위해 제언한 내용을 중심으로 쓰여진 《축적의 시간》을 살펴보자. 책에서는 '창조적 축적의 부재'라는 주제로 한국 산업의 문제점을 지적한 대목이 있다. 26명의 석학들은 한국 산업이 처한 가장 심각한 문제는 '개념설계 역량의 부재'라고 지적했다. 이는 '문제의 속성을 새롭게 정의하고 창의적으로 해법의 방향을 제시하는 역량'이다. 다시 말해 실행역량이 필요한 단계보다 더 앞선 단계에서 요구되는 창조적 역량인 개념설계 역량이 부재한다는 뜻이다.

우리에게 이런 역량이 부족한 이유는 무엇일까? 어릴 적부터 빠른 시간 안에 정해진 답만을 찾는 교육을 받아왔기 때문이다. 끊임없는 질문을 통해 다양한 가설을 세우고 열린 사고로 여러 가지 가능성을 고려하는 사고 훈련이 되어 있지 않은 탓이다. 문제 자체를 새롭게 정의하는 훈련을 할 때 개념설계 역량이 늘어난다는 석학들의 조언은 귀담아들어야 할 내용이다. 그리고 1Q3R은 이러한 개념설계 역량을 키우는 데 매우 유용한 도구다.

지식카드를 통해 하나의 질문을 해결하기 위해 다양한 곳에서 소스를 구하다 보면 문심혜두文心慧竇의 경험을 하게 된다. 문심文心은 '글자 속에 깃든 뜻과 정신'이고 혜두慧竇는 '슬기의 구멍'으로, '글 속에 새겨진 뜻을 잘 구별해서 알면 지혜의 문이 열린다'는 뜻이다.

지식카드가 축적되면서 우리의 개념설계 역량도 함께 축적되는 것을 경험할 수 있다. 이런 지식카드가 100장을 넘어 1,000장이 된다면 어떨까? 그만큼 탁월한 개념설계 역량을 갖게 된다. 1Q3R 지식카드는 우리의 굳은 뇌를 자극하는 죽비가 되어 창조의 피가 순환하도록 도와줄 것이다.

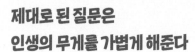

제대로 된 질문은
인생의 무게를 가볍게 해준다

"승진과 동시에 세일즈 직무를 수행하면서 매달 그리고 매년 목표가 새롭게 설정되었어요. 목표를 달성해야 한다는 강박관념에 열심히 고객들을 만나 세일즈를 했지만, 제대로 준비가 되지 않은 상태에서 하다 보니 여러모로 어려움이 많았습니다."

은행 프라이빗뱅커PB로 일하던 이지민 씨45세가 전임자에게 받은 것은 고객 명단뿐이었다. 상관인 지점장에게서는 제대로 된 코칭도 받지 못한 상황이었는데 늘 강한 질책에 시달려야만 했다. 몇 가지 학습과 연수가 진행되었지만 이 과정은 업무력 향상에 전혀 도움이 되지 못했다. 자신이 무엇을 모르는지 알 수 없었고, 어떤 점이 부족한지도 구체적으로 파악할 수 없었기 때문이다. 그렇게 실적이 개선되지 않은 채 답답한 날들이 이어지던 중 단골 카페 사장님 소개로 독서 모임에 참여하게 되었다.

당시 지민 씨에게는 '목적 달성을 위한 전문지식의 습득과 영업을 위한 적극적인 마인드 정비'가 절실했다. 즉 자신을 이끌어줄 멘토가 필요했던 것이다. 그러던 중 독서 모임에서 나를 만나게 되었고, 은행 PB 6개월 차에 직면한 업무상의 어려움을 해결할 돌파구를 코어리딩 과정에서 찾았다. 코어리딩의 기본 과정은 현재 자신이 처한 상황에 대한 질문에서 시작한다. 지금 내가 직면한 문제점이 무엇인지 스스로에게 묻는 것이다. 그걸 정확히 깨닫고 난 후에는 문제를 해결하는 데 도움을 줄 수 있는 책을 선정하고 질문과 연결시켜나간다.

코어리딩 심화과정까지 마치면서 지민 씨는 그동안 어렴풋하게만 알고 있던 지식들을 자신의 업과 연결 지어 구체적으로 실행할 수 있는 힘을 얻게 되었다. 당시 근무 중이던 은행 지점이 철수한다는 발표가 났지만 그녀는 좌절하지 않았다. 그 대신 '앞으로 나는 무엇을 할 수 있을까?'라는 질문부터 던졌다.

그러고는 은행 및 타 금융사에서 퇴직한 선배들과 현업에 있는 선배들을 찾아가 조언을 구했다. 그 과정에서 채권 멘토이자 현재 회사의 대표에게서 함께 일하자는 제의도 받게 되었다. 약 3개월 동안 이직할 회사에 주 1회 출근해 회사 일을 탐색하고 질문하는 과정을 거쳤는데, 놀랍게도 오히려 자신이 대표를 면접하는 상황이 되었다고 했다. 코어리딩 심화과정에서 체득한 것들이 몸에 배어 일상과 업에서 자신도 모르게 나온 것이다.

은행을 그만두고 투자자문사로 이직한 후에는 고객관리와 세일즈 업무를 담당했다. 이때 가장 먼저 파악한 것은 은행과 투자자문사의 차이점, 그에 따른 자신의 역할 변화였다. 은행은 직장인의 마인드로 일해도 되지만 자문사에서 일하려면 사업가 마인드가 필요했다. 이를 위해 현재 자신이 지닌 역량 중 어떤 점이 약점이고 어떤 점이 강점인지부터 파악해나갔다.

이후 문제를 해결하는 과정 자체가 달라졌다. "코어리딩을 하기 전에는 문제점이 발생했을 때 부정적인 생각과 걱정부터 앞섰어요. 그런데 코어리딩을 하면서는 달라졌어요. 질문을 통해 문제의 본질이 무엇인지 파악하고, 왜 이런 일이 발생했는지 그 이유를 찾을 수 있었죠. 문제의 근원이 파악되면 일을 해결하기 위해 어떤 계획을 세우고 실행해나가야 하는지 역시 질문을 통해 찾아나갑니다. 그러고 나면 바로 실행할 수 있는 힘을 얻게 되죠."

지민 씨가 말하는 코어리딩의 강점은 '제대로 된 질문의 설정과 지식의 연결'이다. 좋은 질문은 현재 자신이 처한 상황을 직시하는 것에서 나온다. 나의 문제점이 무엇이고, 지금 하고 있는 일의 목적이 무엇인지 깊게 고민하면 질문은 더욱 구체적이고 분명해진다. 이후 질문에 대한 해답을 찾기 위해 여러 권의 책을 읽고 거기서 파악한 지식들을 연결하는 편집력을 발휘해야 한다. 이 과정을 통해 지민 씨는 현업에서 탁월한 역량을 발휘할 수 있었다. 그뿐만이 아니다. 어려움이 닥쳤을 때 고민의 무게가 훨씬 가벼워졌다고 한다.

"질문을 통해 해답을 찾아가고, 편집을 통해 책 속의 지식을 연결하면서 본질을 깊이 사유하게 되었어요. 강력한 실행력도 얻게 되었고요. 이제는 제가 얻은 경험을 저와 같은 고민을 하는 이들과 나누고 싶어요. 코어리딩으로 그런 마음의 힘과 여유도 갖게 된 거죠."

Chapter 3

투자의 금맥을

발견하는

코어리딩

인플레이션에서 살아남으려면
거시경제를 읽어라

앞서 코어리딩의 의미와 중요성에 대해 알아봤다면 지금부터는 그 것을 실제 우리의 삶 속에서 활용하는 연습을 할 차례다. 특히 투자를 하거나 경제 상황을 파악할 때 코어리딩을 아는 사람과 모르는 사람은 그 성과가 천지 차이다. 그리고 알고 있다 해도 이론을 습득하는 데 그친다면 그것은 진정한 코어리딩이라 할 수 없다. 현재 나와 사회를 둘러싼 중요한 현상이 무엇인지 파악하고, 그것이 내포한 의미를 내 삶과 직접 연관 지어 재해석한 후 적용하는 훈련이 필요하다.

2023년 현재 우리가 가장 주목해야 할 경제 현상은 다름 아닌 '인플레이션'이다. 이것이 지금 내 삶에 어떤 영향을 미치고 있으며 향후 가계와 기업, 나아가 국가 경제에 어떤 문제를 초래할지 코어리딩을 통해 현상과 그 이면을 읽어낼 수 있어야 한다. 그렇지 않으면 5년 혹은 10년 뒤 지금보다 더 가난한 삶을 살아야 할 수도 있다.

인플레이션의 핵심을 제대로 읽어야 가난해지지 않는다

베네수엘라의 한 남성은 주머니에 금을 넣고 다닌다. 금반지도 금
팔찌도 아닌 덩어리 금을 잘게 쪼갠 금 조각들이다. 베네수엘라 법
정 화폐인 볼리바르는 살인적인 인플레이션으로 가치가 급격히 떨
어졌다. 결국 장을 보려면 돈다발을 들고 가는 것도 모자라 금 조각
을 가져가야 하는 실정에 이른 것이다. 2020년 베네수엘라의 물가
상승률은 무려 2,969.8퍼센트에 달했다.

  2018년에 기존 화폐에서 0을 다섯 개나 빼는 10만 대 1의 화폐
개혁을 단행했지만, 그 이듬해인 2019년에는 단위가 더 큰 화폐를
새로 발행해야 했다. 이처럼 볼리바르 고액권은 발행하기가 무섭게
가치가 뚝뚝 떨어져 휴지 조각이 되는 일이 반복되고 있다. 2010년
대 초까지 석유 부국富國으로 군림하던 베네수엘라는 왜 이 지경으
로 전락했을까? 바로 '인플레이션' 때문이다.

  오늘날 인플레이션이 전 세계를 덮치고 있다. 미국과 영국을 비
롯한 유럽 전역이 인플레이션으로 몸살을 앓는 중이다. 이는 통화
량 증가로 인해 자산을 비롯한 주요 상품 및 원자재 가격이 올라가
는 것을 의미한다. 인플레이션을 정확하게 측정하기 위해서 중앙은
행은 실생활에서 사용하는 주요 품목을 모아 가격지수를 측정하는

데 이것이 바로 '물가'다. 즉 인플레이션은 통화량이 늘어나면서 화폐의 가치가 떨어지고, 물가가 상승하는 현상을 일컫는다.

특히 물가가 올라가는 가운데 그 부담을 타인에게 전가할 수 없는 사람이나 중소기업들이 큰 타격을 입는다. 기업들은 차치하고 개인의 경우를 보더라도, 생활비 지출이 늘어나고 대출금리가 올라서 내야 할 이자가 늘어나는 등 월급으로 생활하는 게 점점 더 어려워진다. 이렇게 물가가 상승하면 하루하루 생활은 더 빠듯해지고 현금을 대체할 자산이 없기 때문에 저절로 가난해질 수밖에 없다. 그래서 인플레이션을 모르면 돈을 다 빼앗긴다는 것이다.

반면 부자들은 인플레이션을 좋아한다. 인플레이션이 일어나면 실물자산의 가격이 올라가서 불로소득을 누릴 수 있기 때문이다. 부자들은 주식·부동산·금·달러·비트코인 등 다양한 자산을 보유하고 있다. 이런 자산들은 이른바 '인플레이션 헤지' 역할을 하면서 보유자산을 눈덩이처럼 불려준다.

하지만 가난한 사람들에게는 인플레이션을 피할 자산이 없다. 집도 금도 유가물도 없고 현금만 조금 있는 경우가 대부분이다. 그런데 인플레이션은 이 현금 가치의 하락을 의미한다. 가난한 사람들은 수입과 자산의 대부분을 현금 형태로 가지고 있을뿐더러 세금도 현금으로 지불한다. 이처럼 실물자산이 없는 경우 인플레이션을 맞으면 어느 순간 '벼락거지'가 될 위험에 처한다.

매달 적은 돈으로 근근이 생활하면서 남는 돈을 저축해야 하는 사람들은 현실적으로 투자가 불가능하다. 이처럼 가난한 사람들은 인플레이션 경쟁에서 구조적으로 불리할 수밖에 없다. 더 큰 문제는 소득도 줄어든다는 점이다. 월급이 올라가지 않을 뿐만 아니라 국가에서 지급하는 연금이나 사회복지 수당은 인플레이션 상승률에 맞게 조정되지 않는다. 다시 말해 현금만 있는 사람들은 이 인플레이션 게임에서 국가에 현금을 빼앗기는 것이나 다름없다. 인플레이션이 우리를 더욱 가난한 하층민으로 만드는 것이다.

인플레이션 시대에는 인플레이션에 투자하라

앞서 인플레이션은 부자를 더 부자로 만들고 가난한 사람을 더 가난하게 만드는 역할을 한다고 말했다. 그러므로 물가가 부의 이동에 미치는 영향을 읽어내고 관련 인식을 높여야 인플레이션으로부터 소중한 내 돈을 지켜낼 수 있다. 특히 세상의 흐름을 읽어낼 줄 모르면 위기 상황에서 새로운 투자 기회를 발견할 수 없다. 결과적으로 점점 더 가난해지고 만다. 하지만 인플레이션과 금리의 관계, 국제 정세의 핵심을 읽어낼 수 있는 사람은 남들보다 한발 앞서 새로운 투자처를 찾아낼 수 있다.

최근 전 세계는 러시아-우크라이나의 전쟁을 겪으면서 원자재가 부족한 '원자재 병목현상'을 겪고 있다. 철과 희토류 등의 광물을 비롯해서 밀, 옥수수 같은 식료품 원자재가 부족한 상황이다. 석유와 천연가스 같은 에너지 부족도 심각하다. 이런 이유로 원자재가 부족한 나라는 초인플레이션을 겪는 중이다. 이러한 상황에서는 원자재와 에너지 관련 상품에 투자하면 수익을 올릴 수 있다.

아울러 인플레이션을 잡기 위해 각국 은행이 금리를 인상하고 있다는 점에도 주목해야 한다. 한국은행도 빅스텝을 단행하면서 시중 은행의 예·적금 금리가 올라갔다. 이러한 상황을 예의주시하면서 관련 상품에 투자하는 것도 좋은 방법이다.

지금은 주식이나 부동산의 가격 흐름보다 거시경제의 향방에 관심을 가져야 한다. 그래야 경제 흐름의 판을 읽는 눈을 가질 수 있으며 힘든 투자 환경에서도 기회를 찾을 수 있다. 40년 만에 찾아온 인플레이션, 살아남기 위해 무엇을 해야 할지 코어리딩을 통해 고민해야 할 때다.

'리치 코어'를 읽어야
부를 지킨다

우리는 누구나 부자를 꿈꾸지만 부는 모두에게 공평하게 주어지는 것이 아니다. 부는 남다른 노력과 자신만의 관점 없이 얻기도 지키기도 힘들다. 그렇다면 어떻게 해야 소중한 나의 자산을 지키고 불릴 수 있을까? 이는 부자들의 핵심 노하우인 '리치 코어 rich core'를 읽어낼 수 있느냐 없느냐에 달려 있다.

수차례의 경제 위기 속에서도 신흥부자들은 끊임없이 탄생했다. 그들은 마치 무협지 속 특출난 재능을 지닌 무공처럼 등장했지만, 의외로 그들의 리치 코어는 전에 없던 특별한 것이 아니다. 오히려 기본에 가깝다. 그들은 부자의 기본 덕목을 충실히 실행하는 과정에서 자산의 복리 효과를 경험하게 되었고, 자신만의 투자 철학을 하나하나 정립해나갔다.

지금부터 부자들이 중요하게 여기는 리치 코어에는 어떤 것들이 있는지 살펴보려 한다. 그렇다면 리치 코어를 읽고 부자의 길에 들어서기 위해 먼저 어떤 것들이 준비되어 있어야 하는지부터 자세히 알아보자.

나를 지배하는 방어기제부터 점검하자

리치 코어는 나를 지배하는 '삼원 구조'를 이해하는 것에서 출발한다. 인간의 의식은 무의식, 전의식, 의식으로 나뉜다. 전의식과 무의식은 자아, 초자아, 원초아 세 영역으로 이루어져 있으며 각각 다른 역할을 한다. '자아ego'는 내면의 중심이자 관리자다. '원초아id'는 인간의 무의식 세계에 자리하고 있으면서 본능적인 충동성을 자극하는 정신체계이자 순수 본능이다. 그리고 '초자아superego'는 내부의 일들을 외부의 흐름과 어울리도록 안내하는 역할을 담당한다. 우리가 부를 쌓지 못하는 이유는 이 무의식 속에 부에 대한 부정적 생각이 자리 잡고 있기 때문이다. 이는 부에 대한 미성숙한 방어기제로 작용한다.

방어기제는 자아가 위협받는 상황에서 무의식적으로 자신을 속이거나 상황을 다르게 해석함으로써 감정적 상처에서 자신을 보호하는 심리 의식이나 행위를 일컫는다. 이 중 '투사projection'는 자신의 생각을 상대방에게 던지는 것이다. 인정하고 싶지 않은 생각이나 본능, 개인적인 성향, 특히 죄의식이나 열등감 등의 원인을 타인

167

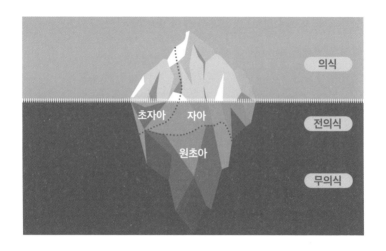

이나 외부 환경에서 찾는 현상이다. 즉 자신이 받아들이기 어려운 생각과 충동을 무의식적으로 타인의 탓으로 돌려 자신을 보호하는 자아 방어기제다.

가령 오래도록 취업을 못 하고 있어 가족들 눈치를 보는 상황이라고 치자. 여느 날과 달리 말 없이 식사를 하는 가족들 사이에서 괜스레 눈치를 더 보게 된다. 이때 실상 가족들은 아무런 말도 하지 않았는데, 괜한 자격지심이 발동해 "돈을 못 벌면 밥 먹을 자격도 없냐? 지금 돈도 못 벌면서 밥 먹는다고 눈치 주는 거지?"라고 소리친다. 자신에 대한 실망감을 타인에게 투사해 오히려 상대가 나를 무시하고 있다고 생각하는 것이다.

또 다른 방어기제인 '이지화intellectualization'는 자신의 문제에 이론적으로 접근하는 것이다. 감당하기 힘든 현실이나 기억에서 도피

하기 위해 감정을 분리하고 상황에 대해 이성적으로, 이론적으로만 접근하려는 방어기제다. 가령 "내가 오늘 소개팅에서 차인 이유는 그릇된 외모지상주의 때문이야."라거나 "명품을 입고 나갔으면 차이지 않았을 텐데."라고 말하는 식이다.

이런 식의 미성숙한 방어기제에 사로잡혀 의식에서 감정을 고립시키면 사회적 관계에도 균열이 생긴다. 나이가 계속 스스로를 속이고 있는 기분에 사로잡힌다. 문제는 해결되지 않은 채 비슷한 상황이 끊임없이 반복되고, 급기야 더 큰 고난이 닥치면 대처 능력은 현저히 떨어진다. 그러므로 자신에게 주로 어떠한 방어기제가 나타나는지 인지하고 조절하면서 부정적 요소를 줄여나가는 훈련이 필요하다.

만일 부자가 되길 원한다면 내가 갖고 있는 '부에 관한 부정적 인식'은 무엇인지부터 파악해야 한다. 그것만 제대로 알아도 실수를 반복하지 않을 수 있다. 그것이 곧 무의식과 전의식을 일깨워서 완전히 새로운 자아를 창조하는 지름길이다.

전의식과 무의식, 어떻게 활용해야 할까

우리는 누구나 슬픈 음악을 들으면 슬퍼지고 경쾌한 댄스 음악을 들으면 텐션이 올라간다. 이처럼 오감으로 받아들이는 외부의 자극에 따라 우리의 감정과 생각이 달라지는데 부자 마인드도 마찬가지다. 부자들의 리치 코어를 읽고 내가 갖고 있는 부에 대한 인식을 바꾼다면 향후 3~5년 뒤에는 내 자산도 큰 변화를 맞을 수 있다.

이러한 부자 마인드는 자연스럽게 형성되는 부분도 있지만 대개는 구체적인 노력이 필요하다. 자기계발서, 투자서를 읽거나 유튜브 콘텐츠에서 성공한 사람들의 경험담과 전략을 엿보는 것도 부자 마인드를 키우는 데 도움이 된다. 가족이 갖고 있는 부에 대한 마인드를 점검하는 것도 중요하다. 부모님과 조부모님이 어떻게 살아왔으며 어떤 방식으로 자산을 일구었는지, 그 스토리를 아는 것은 저명한 투자 구루들의 경험담을 듣는 것보다 더 직접적인 영감을 줄 수 있다.

내 부모님이 전해주는 부에 대한 메시지는 오늘날 내 무의식에 큰 영향을 미쳤을 확률이 높다. '부동산은 투기다. 많은 사람들의 피와 땀을 훔치는 도둑질이다.' 이러한 사고방식을 가진 부모님이라면 당연히 부동산에 투자해놓은 게 없을 것이고, 자녀들에게도 부동산 투자를 권했을 리 없다. 자녀는 자신의 의지와는 무관하게 적어도 20~30년 동안은 부에 대한 부모님의 관념과 인식에 영향을 받을 수밖에 없다. '송충이는 솔잎을 먹어야 한다', '사람이 너무 과한 욕심을 부리면 안 된다', '좋은 게 좋은 거다' 등 삶에 한계를 정하는 식의 발언은 보이지 않는 포승줄과 같다.

이처럼 오랜 시간 부모와 주변인에게서 영향을 받아 형성된 무의식과 전의식의 사고체계를 끊어버리는 것은 생각보다 쉽지 않다. 그래서 매일 일정 시간을 할애해 이 사슬에서 벗어난 사람들의 경험담을 접하며 스스로에게 피드백하는 훈련이 필요하다. '그들도 10년 전에는 나와 다르지 않았어. 그렇다면 나도 이 부정적인 무의식과 전의식을 바꿔서 얼마든지 달라질 수 있어. 나는 부자가 될 수 있어'라고 스스로에게 피드백하며 사고체계를 바꿔야 한다.

무의식에 긍정적 가설사고를 세팅하라

"앞으로 2~3년간 부동산 시장이 침체기에서 벗어나지 못한다는데, 언제쯤 다시 상승할까?"

"미국 연준fed이 혹여라도 기준금리를 6퍼센트까지 올리게 되면 주식 시장은 정말 베어마켓에서 벗어나지 못할까?"

전 세계적인 금리인상으로 주식과 부동산이 빙하기를 맞자 향후 우리 앞에 펼쳐질 경제 상황에 대한 다양한 전망이 쏟아지고 있다. 혹자는 이런 전망은 무의미하다고도 말한다. 당장 한 치 앞도 내다보기 힘들뿐더러 전망은 틀리기 일쑤인데 굳이 고민할 필요가 없다는 것이다. 그래서 필요한 것이 바로 '가설사고'다. 미래를 예측하기 어렵고 불투명할수록 살아남기 위해서는 가설사고를 해야 한다.

'가설'이란 개별 사건이든 사건 간의 관계든 아직 증명되지 않은 것을 일컫는다. 그런데 무슨 일이든 가설을 세우면 전체적인 그림이 그려지고 앞뒤 맥락과 전후 사정이 보인다. 따라서 고민의 시간은 짧아지고 결단력은 높아진다. '우선 시도해보자'라는 생각으로 가설에 기반해 수정을 거듭하면서 조금씩 나은 결과를 도출해낼 수 있다. 이 과정에서 예지력과 결단력이 공고해진다.

부자들은 부에 대한 가설사고를 한다

"생각할 수 있는 모든 수를 찾으면 끝이 없다. 후보 수를 2~3개로 좁혀 직관적으로 괜찮다고 여겨지는 곳에 다음 말을 놓는다."

일본 장기의 독보적인 명인 하부 요시하루Habu Yoshiharu의 말이다. 그는 1990년 열아홉 살의 나이로 일본 프로 장기대회 첫 우승을 차지했다. 그 후 30년 넘게 7할이 넘는 승률을 올린 그는 가설사고의 중요성을 몸소 증명해 보였다. 하부는 "직감 중 70퍼센트는 적중한다."라고 말한다.

그가 말하는 직감은 지금까지 축적된 경험 속에서 '이런 경우에는 이렇게 대응하는 것이 좋겠다'라는 무의식의 흐름에 따라 떠오르는 것이다. 하부는 정보가 늘어난다고 해서 올바른 판단이 가능한 것은 아니라고 말한다. 생각해야 할 재료가 늘어나면 오히려 고민만 깊어지고 두려운 마음에 망설이다 기회를 놓칠 수 있기 때문이다. 이는 비단 장기를 둘 때만 해당하는 이야기가 아니다.

특정 과제를 가장 합리적인 결론에 최대한 빨리 도달하게 하려면 가설사고가 필수다. 이때 결론에 도달하기까지는 수차례의 가설 설정과 가설 수정이 필요하다. 어떻게 해결하고 대처해나가야 할지 감이 잡지 않을 때는 가설의 설정과 수정을 거듭하면서 과제의 범위를 점차 좁혀나가면 된다. 이 과정에서 자신만의 직감이 키워진다.

《부의 추월차선》에서도 가설사고의 중요성을 언급했다. 부자들은 결정적인 순간 추월차선을 타고 남들보다 성큼 앞서간다. 그 이유는 가설사고를 하기 때문이다. 반면 가난한 사람들은 가설사고를 하지 않는다. 앞을 내다보며 스스로 세운 목표에 다가가기 위해 어떤 구체적인 가설을 세워 실천하고 수정을 거듭하는 창조적 활동을 하지 않는 것이다. 대신 '시간이 없다', '종잣돈을 모으기엔 월급이 너무 적다', '빚이 있어서 투자를 할 수 없다' 등의 핑계만 찾는다.

생각의 디폴트값을 긍정적 부의 DNA로 바꾸는 법

부모에게 자산을 물려받지 않고도 부자가 된 사람들에게는 어떤 능력이 있는 걸까? 같은 상황에서도 부자가 된 사람과 그렇지 못한 사람을 가르는 차이는 무엇일까?

가설사고에서 중요한 것은 지금 나에게 '있는 것'과 '없는 것'을 구분하는 것이다. 그런데 '없는 것'에 세뇌되면 부정적인 삶을 살게 된다. 그리고 부자에 대한 악감정을 키우면 절대 부자가 될 수 없다. 부자들이 왜 서행차선이 아닌 추월차선을 타고 남들보다 빨리 목표지점에 도달하는지 알려면 긍정적인 부의 DNA를 자신에게 심어야 한다. 이런 준비가 되어 있어야 가설사고도 가능하다.

삼성의 고故 이병철 회장은 긍정적 가설사고의 달인이다. '뺏길 걸 왜 하느냐?'라는 부정적 사고를 하지 않았다. 중일전쟁 때 땅을 다 빼앗기고, 한국전쟁 때는 모든 걸 잃었지만 '사람'은 남는다는 깨달음을 얻었다. 그것이 인재경영의 씨앗이 되었다. 박정희 정권 때는 한국비료 공장 완공을 앞두고 사카린 밀수사건이 터져 눈물을 머금고 국가에 헌납했다. 이 일로 삼성의 최고경영자 자리에서도 물러났다. 웬만한 사람이었으면 그때 완전히 무너졌겠지만 그는 달랐다.

고 이건희 회장도 남다르긴 마찬가지다. 물려받은 유산으로 먹고사는 데 급급한 게 아니라 반도체 투자라는 새로운 도전을 감행했다. 이 역시 가설사고에 기반한 결정이다. 삼성의 반도체 진출은 1983년 이병철 회장이 선언했지만 그 씨앗은 한참 전인 1974년에 이건희 회장이 뿌렸다. 당시 TV도 제대로 만들지 못하는데 반도체가 가능하겠냐는 경영진의 만류가 있었지만, 그는 사재를 털어 도산한 한국반도체를 인수해 삼성전자가 반도체 사업에 진출하는 기틀을 마련했다.

삼성을 재벌이라고 욕하는 일은 누구든 할 수 있다. 하지만 욕만 하고 있으면 배울 기회를 잃는다. 욕하는 대신 그들의 성공 신화에서 내 꿈을 이룰 씨앗을 발견해야 하지 않을까?

그러기 위해서는 우선 자신이 생각하는 '부자에 대한 부정적 생각'을 글로 써볼 필요가 있다. 부정적인 생각을 제대로 확인해야 거기서 탈피하는 것도 가능하다. 먼저 부자에 대해 갖고 있는 부정적인 생각 5가지를 써보자.

1	부모 잘 만나서 부자가 되었지, 나도 부모만 잘 만났으면…
2	돈의 노예가 되어, 돈이 되면 무슨 일이든 하는 족속들…
3	
4	
5	

막연한 생각을 글로 적다 보면 더 분명하게 보이는 효과가 있다. 5가지를 다 적어놓고 보면 나의 무의식에 부의 가설사고가 부정적으로 세팅되어 있었음을 알게 된다. 이러한 사실을 깨닫는 순간 누구나 변화할 가능성이 생긴다. 먼저 부정적인 생각 중 2개를 골라 그 생각들을 객관화해보자. 그런 과정을 통해 부정적 생각을 긍정 DNA로 전환시켜야 한다. 이렇게 부에 대한 부정적 생각과 긍정 DNA를 바꿈으로써 자산이 마이너스에서 플러스로 우상향할 준비

를 하게 된다. 그때부터는 미래를 위한 가설사고가 가능하고, 나만
의 부를 일궈나갈 씨앗을 뿌릴 수 있다.

목표를 향한 가설사고를 수립한 뒤에는 핑계를 대지 않고 목표를
향해 나아가야 한다. 시드머니를 모으겠다는 결단을 하고, 투자할
돈은 먼저 떼어내고 나서 나머지를 써야 한다. 이때 가설을 수정하
면서 시행착오를 줄이기 위해서는 스스로 공부하면서 투자하는 것
이 필요하다. 그리고 실패 후에는 반드시 '실패의 오답노트'를 작성
해야 한다.

이런 훈련을 거듭하면 주식투자를 할 때도 이전과는 완전히 달라
진다. 자신만의 투자 기준과 원칙이 생긴 것은 물론 그만큼 안목도
높아졌기 때문이다. 남의 말에 솔깃해서 남들이 권하는 종목에 몰
빵하던 투자 습관을 버리게 된다. 대신 '쌀 때 사고 비쌀 때 판다'는
정신으로 꾸준히 매입하는 투자 습관이 생긴다. 그러면 지금처럼
공포가 가득한 상황에서도 10년을 내다보는 투자를 할 수 있다. 고
이병철 회장이 뿌린 부의 씨앗을 다시 한번 상기해보자.

가난한 사람은 '돈 걱정'을 하고
부자는 '돈 생각'을 한다

"나는 투자자가 아니라 기업가다."

나의 롤모델인 주식 농부 박영옥 대표의 말이다. 그의 수많은 인터뷰와 강연은 이 한 문장으로 요약될 수 있다. 1998년도에 9,000만 원으로 주식투자를 시작해 2,000억 원대의 자산가가 되었으며, 20여 개 기업의 2대 주주가 된 그의 성공 비결은 아주 심플하다.

숱한 역경을 겪으면서도 그가 끊임없이 투자를 할 수 있었던 것은 가설사고가 가능했기 때문이다. 그리고 그토록 흔들리지 않는 본질적인 투자 철학을 갖게 된 것은 수많은 시행착오 속에서 코어 리딩을 해냈기 때문이다. 자신만의 관점으로 고른 씨앗을 땅에 심고 수확을 기다리는 농부 박영옥 대표의 투자 철학은 오랜 기간 투자에서 살아남은 사람들의 공통점이자 핵심 전략이다.

지금부터는 그의 삶과 투자 이야기를 깊이 있게 나눠보려고 한다. 자신의 가치관을 지켜나가며 부를 일군 사람을 롤모델로 삼는 것은 성공을 향한 첫걸음을 뗀 것과 마찬가지이기에 이는 의미 있는 작업이다.

돈 생각을 하지 않으면 돈 걱정에서 벗어날 수 없다

박영옥 대표의 어린 시절은 '가난'이라는 단어로밖에 설명이 되지 않는다. 전기도 들어오지 않는 시골 마을에 살던 그가 일곱 살 되던 해 아버지가 돌아가신다. 그는 지게를 지고 3킬로미터가 넘는 거리를 걸어 땔감을 해오고 방학 때는 광산에서 아르바이트를 했다. 6학년 담임선생님이 중학교 등록금을 대주지 않았다면 그의 최종 학력은 초등학교가 될 뻔했다. 중학교를 졸업하고서는 3년여 동안 섬유가공 공장에서 일했고 시외버스터미널에서 신문도 팔았다. 공장에서 일만 하다가 민방위 훈련을 가지 못해 주민등록이 말소되기도 했다니 당시 그의 삶이 얼마나 고단했을지 짐작이 간다.

　그가 이 고난의 쳇바퀴를 벗어난 것은 방송통신고등학교를 졸업하고 대학에 입학한 후부터였다. 하지만 그 평범한 시간도 오래가지 않았다. 1997년 증권사에 다니던 그에게 IMF 외환위기와 주가 폭락이 엄습해왔다. 그런데 이때의 곤경은 그가 자초한 것이다. 자신을 믿고 투자한 고객들의 손실을 보전해주기 위해 어머니와 함께 살고 있던 집까지 팔았기 때문이다.

하지만 그는 그대로 주저앉지 않았다. 직장생활을 하면서 주식투자를 쉬지 않았고 거의 제로에서 조금씩 자산을 불려나갔다. 그러던 중 그에게 다시 기회가 찾아왔다. 2001년 9·11 테러가 터졌을 무렵 그는 직장을 그만두고 전업투자자로 나섰다. 단기간에 폭락한 주식들을 매수해 1년도 안 돼서 큰 수익을 거두었다. 400대 부자가 되기까지 약 15년 정도 걸린 셈이다.

"만약 내가 외환위기 이후 그대로 주저앉았다면 어땠을지 생각해본다. 사글세를 전전하다가 번번이 투자에 실패해 여전히 어린 시절의 가난에서 허우적거리고 있다면? 어린 시절의 고생은 내 인생에 걸린 저주의 시작처럼 여겨졌을 것이다. '나는 왜 부잣집 아들로 태어나지 못했나?' 하며 말도 안 되는 원망을 하며 살고 있을지 모른다." 박영옥, <아시아엔> 기고문 중에서

그가 만일 자신의 인생을 한탄하고 돈 걱정만 했다면 결코 지금의 자산가가 되지 못했을 것이다. 지금 이 책을 읽는 독자들은 모두 부자들일까? 아마 대부분은 부자가 되고 싶은 욕망을 품고 어떻게 하면 부자가 될 수 있을지 힌트를 얻기 위해 책을 읽고 있을 터다. 그렇다면 지금 이 순간부터 돈 걱정은 접어두자. 부자들은 부자가 되기 전에도 돈 걱정은 하지 않는다.

"가난한 사람들은 '돈 걱정'을 하고 부자들은 '돈 생각'을 한다." 이 말은 그가 돈을 어떻게 대하는지를 단적으로 보여준다. 그의 말처럼 돈 생각을 하지 않으면 평생 돈 걱정에서 벗어나지 못한다. 돈

생각을 해야 투자할 종잣돈과 시간도 만들어낼 수 있다. 여름휴가를 포기하고 모은 돈을 푼돈으로 여기는 사람은 돈 걱정만 하는 사람이다. 하지만 그렇게 모은 돈을 종잣돈으로 여겨 투자를 시작하는 사람은 돈 생각을 하는 사람이다.

그는 작은 액수의 돈에도 '종자'라는 단어를 붙이면 가치가 달라진다고 말한다. 볍씨 한 알을 심어 열매를 추수하고 그것을 다시 뿌리기를 반복하면 몇 년 지나지 않아 곳간을 채울 곡식으로 불어나기 때문이다. 그는 이 종자에 시간과 노력이라는 영양분을 투자해 기적을 만들어냈다.

씽킹 리딩으로 책 속에서 투자의 기회를 잡는 법

주식이든 부동산이든 투자를 하는 사람은 누구나 자신만의 멘토가 있다. 이때 멘토의 삶과 투자 철학에서 그만의 씨앗은 무엇인지 키워드를 찾아내고, 내 투자 인생에 일관되게 적용하는 것이 중요하다. 텍스트 리딩을 넘어 씽킹 리딩으로까지 나아가야 하는 이유가 여기에 있다. 제아무리 훌륭한 멘토가 있다 해도 그에게서 나의 초자아와 원초아를 바꿀 수 있는 핵심적 가치를 읽어내지 못하면 책을 100권 읽어도 삶은 변하지 않는다.

나는 박영옥 대표의 책을 읽었고 씨앗 도서는 심지어 10번이나 정독했다. 그 책들에서 일관되게 반복되는 메시지를 찾아내 나만의

'리치 코어'로 정리한 뒤 끊임없이 스스로에게 질문했다. 이러한 코어리딩은 '앎'을 '실천'으로 이끄는 원동력이자 흔들리지 않는 나만의 투자법을 만드는 방법이다.

"최소한 원론적인 책 5, 6권을 읽어야 어떤 기업이 좋은 기업인지 평가할 수 있는 능력이 생긴다."

박영옥 대표는 자신의 책 《주식 농부처럼 투자하라》에서 독서를 통해 투자의 기회와 원칙을 발견하는 방법을 소개하고 있다. 특정 기업에 투자하기 전에 자본 시장과 주식 시장이 돌아가는 기본 원리를 확실하게 이해해야 후회 없는 투자를 할 수 있다는 의미다. 시장을 읽는 자신만의 관점, 기업의 현재 가치와 미래 가치를 판단할 수 있는 식견을 갖추지 않은 채 남들의 추천에만 의지해서는 결코 큰 부자가 될 수 없기 때문이다.

내가 이 책에서 특히 주목한 것은 "독서를 할 때도 수동적으로 해서는 안 된다."는 부분이다. 책을 읽을 때는 저자가 왜 이 책을 썼는지 묻고 스스로 저자가 되어 답을 해보아야 한다. 단순히 텍스트 리딩에 그친다면 그것은 1차원적인 독서에 불과하다. 하지만 씽킹 리딩에서 액션 리딩까지 나아가는 확장된 독서를 하면 저자의 지혜와 투자 철학이 내 인생의 길라잡이가 된다.

그도 핵심을 꿰뚫고 파편화된 지식을 자신만의 관점으로 엮어내는 코어리딩에 성공했기에 오늘날의 명성과 부를 얻을 수 있었다. 그는 《주식 농부처럼 투자하라》에서 다음과 같이 말한다. "매일 매체를 통해 입력되는 것들은 지식의 조각이다. 단편적인 정보는 부를 창출하지 못한다. 이 조각들을 꿸 수 있는 통찰력이 있어야 멋진 지식의 목걸이를 만들 수 있다."

많은 이들이 이런 고민에 빠져 있을 것이다. '수많은 투자 정보가 여기저기 넘쳐나고 있는데 나는 왜 돈을 벌지 못할까?' 이 물음에 대한 답도 코어리딩에서 찾을 수 있다. 정보가 서 말이어도 꿰어야 지식이 되고, 지식도 자신만의 관점으로 잘 꿰어야 '멋진 투자의 목걸이'로 완성된다.

부의 화수분을 만들어내는
투자 코어리딩

"저는 주식투자를 할 시간이 없는데요."

"왜 제가 산 주식만 오르지 않을까요?"

"주식으로 퇴직금 몽땅 날린 사람들이 얼마나 많은데요."

"종잣돈은 얼마나 있어야 투자를 시작할 수 있나요?"

부자가 되지 못한 사람들의 질문이다. 아니, 질문의 형식을 띠고 있지만 질문이 아니라 투자를 하지 않을 '핑계'에 가깝다. 하지만 이제는 이런 핑계를 댈 상황이 아니다. 노동력의 한계가 오기 전에 자본 환경을 만들어야 하기 때문이다. 이는 은퇴를 목전에 둔 모든 이들에게 해당하는 이야기다. 우리의 아들딸들이 나보다 열심히 산다는 보장도, 내 노후를 책임질 가능성도 없지 않은가.

그런데 언론들은 노후를 위한 가장 중요한 투자수단인 주식투자를 '위험하고 좁은 길'이라고 강조한다. "대한민국에서 주식을 하는 사람 중 98퍼센트가 망한다."는 말도 같은 맥락이다. 이는 다분히 소수의 부자들이 부의 이너서클을 만들려는 의도에서 비롯된 말이다. 이런 말만 믿고 은행 특판예금만 열심히 하는 사람은 평생 동안 부의 추월차선을 타기 어렵다.

투자 코어리딩 1단계 : 핵심을 찾아라

이러한 잘못된 투자관은 텍스트 속에 숨은 '컨텍스트context'를 읽지 못하는 데서 비롯된다. 컨텍스트는 우리말로 '맥락' 혹은 '연관관계'를 의미하며 텍스트와 연관되는 모든 상황을 말한다. "주식투자는 위험하고, 부동산은 공급 부족으로 계속 오를 테니 지금이라도 대출을 받아서 아파트를 사라."고 말하는 기득권 세력들의 이야기를 곧이곧대로 믿어선 안 된다.

그러면 어떻게 읽어야 할까? 맥락 읽기를 통해서 그 말 뒤에 숨은 의도를 먼저 파악해야 한다. 그들은 자신들의 부를 지키고 불려서 그들만의 왕국을 만들고 싶어 한다. 그러니 모든 사람이 다 부자가 될 수 있는 기회를 나눌 리 만무하다. 봉건제 시대에 상민과 농민들이 글을 알면 체제의 모순을 알게 되므로 그들에게 글을 깨우칠 기회를 주지 않은 것과 마찬가지다.

특정 주식에 대해 의도적으로 악재를 확대시켜놓으면 불안에 빠진 개미들은 주식을 팔 수밖에 없다. 이때 부자들은 헐값에 그 주식을 주워 담는다. 불안을 증폭시켜 가격을 떨어뜨리고 자신들은 저가에 줍는 식의 패턴은 끊임없이 반복되고 있다. 이러한 맥락을 읽지 못하면 절대 부자가 될 수 없다. 주식투자를 하면 망한다고 하지만 하지 않는다 해도 망하기는 매한가지다. 인플레이션이 심해지는 시기에는 현금의 가치가 하락하기 때문에 실물자산을 갖고 있거나 우량기업에 투자해놓지 않으면 더 가난해진다.

금리인상기에 개미 투자자들이 이자를 감당하지 못하고 투매한 주식과 경매에 나온 부동산은 어디로 갈까? 가만히 기다리고 있던 부자들이 유유히 거둬들인다. 그리고 금융권으로 빨려들어간 돈을 빌려서 엄청난 수익을 올린다. 이런 이유로 그들은 개미 투자자들이 부분적이고 파편적인 글귀에 공포를 느끼고 시장을 떠나도록 계속해서 분위기를 조장하고 부추긴다.

인플레이션과 금리인상이 투자에 미치는 핵심적인 영향을 읽어내지 못하면 이처럼 당할 수밖에 없다. 얼마 안 되는 자산마저 부자들에게 빼앗기는데, 안타깝게도 이런 일은 계속해서 반복된다. 결국 대대로 자식들에게 가난을 물려주는 형국이다. 내가 강조하는 코어리딩은 이러한 컨텍스트를 읽어내는 힘을 길러준다. 그러면 세상을 보는 관점이 완전히 달라지고 부자의 눈으로 돈의 흐름을 읽을 수 있게 된다.

박영옥 대표의 《주식투자 절대원칙》에는 '우직하게 기업을 믿고 나 자신을 믿으며' 투자해야 하는 이유가 잘 드러나 있다. 그가 찾은 투자의 핵심은 바로 '신념'이다. 자신만의 신념이 있으면 섣불리 현혹되거나 포기하지 않는다. 반면 나와 내가 선택한 기업을 믿고 동행하겠다는 신념이 없으면 끊임없이 '샀다 팔았다'를 거듭하게 된다. 혹은 소문따라 아무 주식이나 덜컥 사는 우를 범한다. 투자가 아닌 투기에 가까운 주식 거래는 결국 실패로 귀결될 뿐이다.

투자 코어리딩 2단계 : 핵심을 읽어라

지금부터라도 투자에 관한 부정적인 생각을 버리고 적극적으로 부자 마인드를 읽어내고 내 것으로 취해야 한다. 실제로 박영옥 대표의 삶과 투자철학을 코어리딩해서 인생 역전을 한 사람들은 수도 없이 많다. 10년 전 강의를 듣고 50만 원으로 투자를 시작해 종잣돈이 3,000만으로 늘어난 사람부터 20~30억 자산가가 된 사람까지 성공사례도 다양하다. 심지어 주주총회에서 그를 세 번이나 만난 사람도 있다.

물론 나도 그중 한 사람이다. 그의 인생과 투자 철학을 깊이 읽어나가면서 그와 같은 투자자가 되어가고 있으니 말이다. 또한 나 역시 주변에 긍정적인 영향을 미치면서 그들과 함께 부자가 되는 길을 도모하는 중이다.

지금 내 수업을 듣고 내 책을 읽는 독자들이 훗날 모두 부자가 되어서 한자리에 모일 수 있다면 좋겠다. 많은 이들이 부자의 마인드로 현명한 투자를 지속해 소수의 부자들에게만 부가 집중되지 않고, 보다 많은 이들이 부자가 되었으면 좋겠다. 분명 그보다 더 행복한 일은 없을 것이다. 그러기 위해서는 박영옥 대표의 '투자 10계명'을 늘 가슴에 품자. 그리고 주변의 말에 휩쓸려 생각이 혼탁해지고 마음이 흔들릴 때마다 되새기길 권해본다.

▶ 박영옥 대표의 '투자 10계명'

1. 투자자의 시선을 가져라.

2. 부화뇌동하지 마라.

3. 아는 범위에서 투자하라.

4. 투자의 대상은 기업이다.

5. 주주는 기업의 주인이다.

6. 투자한 기업과 동행하며 소통하라.

7. 기업의 성장주기에 투자하라.

8. 주식투자는 농사다. 사냥이 아니다.

9. 투자 기회는 항상 있다. 조바심 갖지 마라.

10. 올바른 마음으로 크게 생각하라.

박영옥 대표처럼 가설사고를 하면서 초자아와 원초아를 완전히 바꾸고, 기술이 아닌 근성을 갖춘다면 우리도 '100억 원의 가치를 지닌 기업의 5퍼센트 이상 지분을 가진 주주'가 될 수 있다. 투자의 코어리딩을 통해 핵심을 읽고 본질적 사고를 하면 이러한 믿음이 결코 헛된 망상이 아님을 깨닫게 된다.

투자 코어리딩 3단계 : 핵심을 실행하라

박영옥 대표의 투자 핵심을 알았다면 구체적으로 그의 투자 방법론 중 나에게 맞는 것을 찾아 실행하자. 모두 똑같은 방법으로 투자를 할 필요는 없다. 현재 자신이 처한 상황에 맞게 하면 된다. 주식투자도 좋고, 부동산에 관심이 있다면 그쪽으로 공부해서 투자해도 좋다. 그 외에 더 관심이 가는 다른 투자 아이템을 찾아서 해도 상관없다. 성공하는 투자의 근본 원리는 모두 같다. 핵심을 읽었다면 실천과 응용은 자신에 맞게 하면 된다.

나는 그의 투자 10계명 중 '아는 범위에서 투자하라'를 실행하고 있다. 수년간 그의 모든 글을 액션 리딩의 단계까지 읽어내면서 선택한 핵심이다. 아는 범위에서 투자한다는 것은 무슨 의미일까? 자신이 직접 경험한 것에 한해 주식투자를 하면 각종 보고서와 기업 분석 자료를 볼 때 혜안이 생긴다. 주식 시장에서 낯선 분야의 업종과 기업을 연구할 수도 있지만 자신이 종사하는 분야를 파고들어 투자하는 것도 좋은 방법이다.

나는 한때 안경사로 일했다. 그때의 경험을 배경지식으로 두고 관련 산업을 공부하다 보니 '인터로조'라는 익숙한 기업이 눈에 들어왔다. 인터로조는 의료기기 중 하나인 콘택트렌즈를 제조 및 판매하는 회사로, 2010년 12월에 상장되었다. 콘택트렌즈 디자인과 금형 제작 및 기술 측면에서는 이미 세계적인 수준에 올라 있는 기업이다. 최근 미용렌즈 시장은 단기착용렌즈 시장과 함께 급격히 확장되고 있으며, 그에 따라 기업의 매출도 지속적으로 증가하는 추세다.

동종업계 종사자였던 나는 학생들의 미용렌즈 열풍을 누구보다 잘 알고 있기에 해외수출이 얼마나 증가하는지에 대한 데이터도 면밀히 파악하고 있었다. 해당 분야 투자에서는 일반 투자자들보다 좀 더 유리한 포지션을 갖고 있어서 투자 결정도 쉬웠다. 결국 이 기업의 주가는 2010년 3,100원에서 2016년에는 43,000원까지 급등했고 나의 투자는 성공적으로 마무리되었다.

내가 잘 아는 분야에 집중해서 투자한 결과, 은행 이자와는 비교할 수도 없는 큰 투자 수익을 얻은 후 내 투자 안목은 달라지기 시작했다. 내가 가능했으니 여러분도 가능하다. 분명 자신의 업과 연관된 분야에서 투자 기회를 찾아낼 수 있다. 반드시 내가 직접 경험한 분야가 아니더라도 괜찮다. 지인이나 가족이 오랫동안 종사해온 분야의 동향을 귀동냥하면서 배경지식을 쌓은 후, 해당 기업과 업황을 스스로 분석해나가다 보면 투자 승률은 자연스럽게 올라가게 된다.

나는 박영옥 대표의 투자원칙을 코어리딩해서 좋은 성과를 거두었기에 그것을 예제 삼아 깊이 다루었다. 그러나 반드시 그만을 롤모델로 삼을 필요는 없다. 누구나 자신에게 영감을 주는 투자자나 성공한 자산가가 있게 마련이다. 자신에게 영감을 주는 사람이 있다면 그의 성공 스토리와 투자원칙을 코어리딩하면서 자신에게 적용해보자.

대가들의 투자법도 별반 다르지 않다. 피터 린치와 워런 버핏 같은 대가들의 투자 전략과 노하우가 수십 년이 지나 시대가 달라진 지금까지 통용되는 건 투자의 본질이자 핵심이 담겨 있기 때문이다. 그들은 자신들이 투자할 회사를 제대로 파악하기 위해 노력하고, 충분히 저평가된 사실이 확인될 때까지 공부하고 조사한다. 그러한 과정 자체가 이미 투자이기에 부화뇌동하지 않고 자신의 신념대로 투자를 이어갈 수 있다. 탁월한 투자자들의 삶과 투자 철학을 제대로 읽고 실행하는 코어리딩을 한다면 우리 누구라도 부의 화수분을 만들어낼 수 있다. 부자가 되는 것, 결코 남의 일만은 아니다.

부동산은 주식처럼,
주식은 부동산처럼

2015년 즈음 아파트 매입을 두고 고민하다가 구매한 사람과 전세살이를 택한 사람은 딱 5년 만에 극과 극의 상황을 맞았다. 2020년 말부터 2021년 초까지 똘똘한 아파트 한 채의 위력은 엄청났다. 두 사람 모두 집 한 채를 장만하기 위해 부단히 노력했지만, 순간의 선택으로 각기 다른 인생의 변곡점을 맞게 된 것이다. 한편 2019~2021년 부동산 버블에 편승해 과도한 대출을 받아 집을 장만한 사람들의 경우 집값 하락과 고금리로 인해 엄청난 고통을 당하고 있다.

이처럼 부동산 투자는 인생에서 가장 큰 의사결정 중 하나이기에 대단히 신중하게 결정해야 한다. 그에 반해 주식투자는 어떤가? 소액 투자도 가능하고 매수와 매도가 쉽다. 세금 체계도 간단해서 시작이 어렵지 않다.

그런데 투자를 할 때는 부동산과 주식투자, 이 둘의 속성을 역으로 이용하면 성공 확률을 높일 수 있다. 즉 '주식은 부동산처럼' 투자하고 '부동산은 주식처럼' 투자하라는 의미다.

주식을 부동산처럼 투자해야 하는 이유

주식은 예금과 마찬가지로 환금성이 뛰어나다. 이는 잦은 매매를 부추긴다. 매도에 따른 수수료도 자동으로 정산되기 때문에 누구나 실시간 투자가 가능하고, 심지어 매도 후 3일이면 바로 현금화할 수 있다. 이런 이유로 매매회전율이 늘어나 한 달간 매매 수수료가 투자 원금과 같아지는 개인 투자자도 나오게 된다.

NH투자증권이 2021년 7월에 발표한 240만 개인 주식계좌 분석 자료에 따르면, 매매회전율이 낮은 계좌의 경우 회전율이 높은 계좌에 비해 상대적으로 수익률이 좋았다. 20대 남성의 매매 회전율이 838퍼센트로 전 연령대를 통틀어 가장 높았는데, 이들의 평균 수익률은 유일하게 마이너스 -2.2퍼센트를 기록했다.

만약 이들이 아파트 매매를 했다면 어땠을까? 한 달에 수십 번 사고팔 수는 없었을 것이다. 그래서 '주식투자를 부동산 투자처럼' 하라는 것이다. 주식도 부동산처럼 자주 사고팔 수 있는 자산이 아니라고 생각해야 한다. 신중하게 선택해서 투자한 후 적절한 수익이 날 때까지 기다린다면 투자 수익률은 훨씬 더 높아진다.

삼성자산운용에서 발표한 자료에 따르면 투자기간이 길어질수록 손실기간이 짧아지는 것으로 나타났다. 1980년 이후 코스피 연계 상품에 투자했다고 가정하고 조사한 결과 투자기간이 하루인 경우 주식투자로 손해를 볼 확률은 48.8퍼센트다. 투자기간이 1년인 경우에는 37.8퍼센트, 투자기간이 5년이면 19.1퍼센트다. 투자기간이 20년으로 늘어나면 어떨까? 주식투자로 손해를 볼 확률이 0.1 퍼센트밖에 되지 않는다. 주식을 장기 보유할 경우 적어도 손실율이 거의 없음을 알 수 있다. 주식투자의 대가이자 현인으로 불리는 워런 버핏도 "10년 넘게 보유하지 않을 거라면 주식을 사지 말라." 라고 말했다.

저평가된 기업에 오래 투자할 경우 배당금과 시세차익을 동시에 얻는 투자가 가능해진다. 앞서 살펴보았듯이 손해를 볼 확률은 낮아진다. 그러니 거주 목적의 아파트 매수처럼 주식도 좀 더 긴 안목을 갖고 투자할 필요가 있다. 만약 배당을 6퍼센트나 주는 주식에 10년간 투자하면 이는 부동산 월세를 받는 것과 같다. 10년 동안 배당금을 그대로 재투자한다면 더 큰 수익을 올릴 수 있다.

부동산의 경우 실거주 목적으로 산 아파트 가격이 떨어지면 다소 걱정되지만 그래도 견딜 만하다. 투자 개념으로 당장 사고팔 것이 아니기 때문이다. 그러다 가격이 다시 상승하면 든든한 버팀목이 된다. 이 원리는 고스란히 주식투자에도 적용된다. 시장에 공포가 넘쳐날 때 주식투자에서 받은 배당을 확정된 은행이자로 생각하고 재투자한다면, 몇 년 후 주식이 제 가치를 찾게 되었을 때는 시세차익까지 얻을 수 있다.

부동산을 주식처럼 투자해야 하는 이유

최근 몇 년 동안 한국의 아파트도 '투자 수요'에 의한 움직임이 본격화되었다. 이런 이유로 '영끌'이라는 단어까지 나왔다. 이제 부동산도 주식처럼 PER^{주가수익비율}, PBR^{주가순자산비율}, ROE^{자기자본이익률} 등과 같은 가치평가 개념을 접목해야 할 때가 온 것이다. 거주의 목적뿐 아니라 투자의 관점으로 매입하는 경우가 점점 더 늘어날 것이기 때문이다.

2019년에서 2021년까지 서울의 아파트 가격은 폭등을 이어나갔다. 이 과정에서 '벼락거지'라는 용어가 사회문제화되었고 무주택자들의 박탈감은 극에 달했다. 정부 정책만 믿고 참아왔지만 끝도 없이 오르는 아파트 가격을 보면서 영원히 내 집 마련이 불가능할 거라는 좌절감에 사로잡혔다. 그러다가 결국 이성적인 가치평가를 하지 못한 채 '영끌 패닉 매수'를 하는 2030세대가 폭발적으로 늘어났다.

하지만 매수의 기쁨도 잠시, 금리인상이 본격화되자 주택시장에서는 투자 수요뿐 아니라 실거주 목적의 투자도 사라져버렸다. 2021년도에 아파트를 매수한 이들은 향후 3~5년 동안 힘든 시간을 보내야 하는 사이클에 진입하게 된 것이다.

부동산에 투자할 때는 미디어와 자칭 전문가라고 불리는 이들의 전망이 아닌 과거 데이터를 통해서 신중하게 접근해야 한다. 주식투자자들이 차트 공부를 하고 가치평가를 하듯이 부동산 투자도 공부가 필요하다. 주식 고수들은 해당 기업과 업종의 미래 가치, 그에 따른 가격 변동 추이 등을 통해 저평가 국면인지 아닌지를 판단한다. 부동산 투자도 이런 식으로 접근해야 한다.

요즘은 부동산 시장에서도 빅데이터를 바탕으로 한 투자가 이루어지고 있다. 'KB부동산지수'나 '리치고' 사이트에 들어가면 20년간 아파트 가격의 지수 그래프가 제공된다. 그런데 부동산 중개소만 찾는 이들은 이런 자료를 살펴볼 생각을 하지 않는다. 중개소에서 보여주는 몇 개의 매물을 보고 쉽게 의사결정을 하는 경향이 강하다. 만일 해당 아파트 가격이 신고가이면서 얼마 전 엄청난 대량 거래가 발생했다는 사실을 모른 채 대중심리에만 이끌려서 매수한다면 어떻게 될까? 이른바 '상투에 영끌해서 막차 타는' 우를 범하게 된다.

집을 사는 사람도 이런 개념이 필요하듯 매도하는 사람도 마찬가지다. 주식투자 원리와 방법론을 부동산 매도에 적용하면 스스로 매도 타이밍을 잡을 수 있다. 감이 아니라 데이터 분석을 통해 직접 어깨 부근의 가격을 예측해보는 것이다. 답은 '거래량'에 달려 있다. 주식 시장에서 역사상 최고가이면서 대량거래가 발생한다면 손바뀜을 의심해야 한다. 호가 갭이 크게 발생하면 위험 신호다. 부동산 투자도 이러한 관점에서 접근해야 한다.

송파구 가락동에 있는 한 아파트의 경우 2022년 1월에 33평형이 23억 7,000만 원에 거래되었다. 하지만 같은 해 11월에는 17억 8,500만 원에 팔렸다. 정점을 찍었던 1월 대비 5억 8,500만 원이나 하락한 가격이다. 향후 낙폭이 좀 더 커질 수 있는 상황이다. 이 아파트 거래에서 주목할 만한 것은 전체 9,510호 중 10채 미만으로 거래된 가격이 상투 호가를 만들었다는 점이다. 상투 징후는 가격 차가 크게 벌어진 호가를 통해 알 수 있고, 이는 좋은 신호가 아닌 버블의 징후라고 봐야 한다.

이처럼 부동산 투자를 할 때도 매매와 입지 관련 데이터를 잘 조합해서 의미 있는 값을 추출하면 적어도 고점에서 상투를 잡는 우는 피할 수 있다.

코어리딩으로 투자의 판을 읽고
10년 후를 준비하라

2022년 한 해 동안 우리는 초인플레이션과 금리인상에 따른 대가를 톡톡히 치렀다. 2023년도 별반 상황이 달라지지 않을 것으로 보인다. 나라 바깥에서 불어오는 외풍과 한국 내부에서 부는 내풍이 심상치 않다. 수많은 전문가들은 이구동성으로 2023년에는 본격적인 경기침체에 들어설 것으로 예상한다. 이미 미국에서는 기업들의 어닝 쇼크와 대규모 감원이 이어지고 있다.

그렇다면 경기침체란 무엇일까? 인플레이션이 뭔지 정확히 아는 것만큼이나 경기침체가 우리의 삶에 미치는 영향을 구체적으로 읽어내는 것은 중요하다. 경기침체가 시작되면 우선 소비자들이 지갑을 닫는다. 즉 구매력이 감소되어 수요를 초과하는 공급이 일어나 기업들의 영업활동은 저하되고 재고가 늘어난다. 이는 곧바로 실업 증가로 이어진다. 기업들의 고용 축소는 가계소득 감소와 소비 위축으로 이어지는 악순환을 빚는다.

하지만 경기가 침체된다고 해서 모두가 가난해지는 것은 아니다. 경기침체 상황 속에서도 새로운 부자는 탄생한다. 부동산과 주식을 비롯한 자산의 가격은 바닥을 알 수 없을 정도로 떨어지다가도 어느 시점에는 반드시 상승 반전기를 맞는다. 이때 자금력이 있는 현금 부자들이 이 자산들을 헐값에 다시 쓸어 담는다. 그러곤 시장이 악순환에서 탈피해 선순환으로 돌아설 시기만을 기다린다. 그만큼 투자의 판을 읽고 역이용할 힘을 갖고 있는 것이다.

부동산 투자 시 반드시 코어리딩해야 할 지표

2022년 하반기부터 부동산 가격은 고점을 찍고 본격적인 하락 국면에 접어들었다. 일부 부동산 전문가들은 2021년 가격 대비 최대 40퍼센트까지 조정받을 수 있다고 예상한다. 부동산 광풍으로 이른바 '영끌' 대출자들이 폭증한 가운데 역전세난까지 겹치면 후폭풍이 만만치 않을 전망이다.

하지만 이러한 위기 속에서도 기회를 낚아채는 이들이 있다. 그들은 어떻게 투자의 판을 읽고 새로운 부의 주인공이 되는 것일까? 그리고 지금 우리는 어떤 준비를 해야 10년 뒤, 또다시 소외되지 않고 부의 대열에 합류할 수 있을까?

내가 부동산 투자를 할 때 가장 중요하게 생각하는 핵심지표가

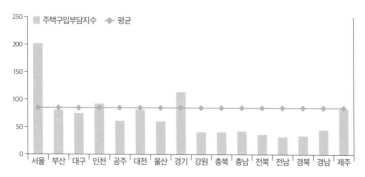

주택구입부담지수·지역별 비교

- 주택구입부담지수 ◆ 평균

서울 부산 대구 인천 공주 대전 울산 경기 강원 충북 충남 전북 전남 경북 경남 제주

*출처 : 주택금융통계시스템

있다. 바로 '주택구입부담지수K-HAI, Housing Affordability Index'다. 이는 중위소득 가구가 표준대출로 중간 가격의 주택을 구입할 때의 대출상환 부담을 나타내는 지수다. 지수가 100이면 소득의 25퍼센트를 원리금상환에 쓴다는 의미로, 숫자가 커질수록 부담도 늘어난다는 뜻이다. 쉽게 말하면 부부가 번 돈이 500만 원이면 그중 125만 원이 대출금으로 나간다는 이야기다.

그런데 2022년 서울 지역을 예로 들면 주택구입부담지수가 무려 204였다2022년 11월 5일 기준. 이 수지는 서울에서 아파트를 사기 위해 대출받은 가구가 매월 250만 원가량을 대출상환액으로 써야 한다는 의미다월 소득 500만 원 기준. 이는 강력한 버블 신호다. 주택구입부담지수는 120~130 정도가 적정 수준으로, 이 수치가 유지되면 버블이 걷히면서 부동산 투자 심리도 다시 살아날 수 있다.

주식투자 격언에 "무릎에 사서 어깨에 팔아라."라는 말이 있다. 이 격언은 주식 시장에만 해당되지 않는다. 부동산 투자에도 동일하게 적용된다. 문제는 무릎이 언제이고 어깨가 언제인지 모른다는 점이다. 주식은 이 지점을 알기가 매우 어렵지만, 부동산은 주택구입부담지수를 안다면 적어도 무릎과 어깨 부근이 어느 시점인지는 파악할 수 있다. 즉 주택구입부담지수가 130 이하로 떨어지는 시기를 잡으면 적어도 상투 부근에서 매입하는 실수는 막을 수 있다.

그렇다면 매도 시기는 어떻게 알 수 있을까? 최고가로 팔 수 있다면 더할 나위 없이 좋겠지만 그것은 신의 영역이다. 대신 어깨에 파는 방법은 있다. 주택구입부담지수가 160~180을 넘는다면 그때부터 과열이 시작된다는 징후다. 즉 어깨 가까이 가고 있음을 파악하고 서서히 물건을 매도해야 한다. 그런데 2023년 1월 기준 서울의 주택구입부담지수는 사상 최고를 경신했다. 이 지수에서 우리는 무엇을 읽고 어떻게 행동해야 할까?

앞으로 5년, 또다시 후회하지 않기 위해 지금 해야 할 일

주택구입부담지수가 하향 안정화되려면 지금으로부터 3~5년 정도의 시간이 걸릴 것이다. 그렇다면 지수가 떨어지기만 기다리면 될까? 이런 생각을 가진 사람은 결코 새로운 부의 흐름에 올라탈 수 없다. 그 지수가 떨어진들 구체적인 목표와 시드머니가 없으면 남들보다 기회를 먼저 잡을 수 없다.

수도권과 서울권 핵심지역에 매입 가능한 아파트를 몇 군데 정해 놓고, 매물대가 어떻게 변동하는지 모니터링하면서 동시에 수입의 일부를 모아 시드머니 마련에 나서야 한다. '농부아사침궐종자農夫餓死枕厥種子'라는 말이 있다. 농부는 씨앗을 소중히 여기기에 죽을 만큼 배가 고파도 앞으로 지을 농사를 위해 종자는 남겨둔다는 뜻이다. 이는 '현재의 사정에 급급해 미래를 망쳐서는 안 된다'는 의미로 사용된다.

우리 모두 농부의 마음으로 시드머니를 모아야 한다. 하지만 대부분의 사람은 자신이 지금 버는 돈이 미래의 중요한 씨앗임을 망각하고 있다. 월급이 300만 원이라면 그중 50퍼센트만 현재 쓸 수 있는 돈이라고 생각해라. 나머지 50퍼센트는 미래의 나에게 주는 돈이라 여기고 그 돈을 쓰지 않아야 한다. 300만 원 중 150만 원은 당장 시드머니 통장으로 입금하고 나머지 150만 원으로만 생활하는 가계 다이어트를 실행하자. 그렇게 하면 1년에 1,800만 원을 모을 수 있고, 5년이 지나면 9,000만 원이 된다. 1억 원 정도의 돈으로 뭘 할 수 있겠느냐고 반문할 수도 있을 터다. 하지만 주택구입부담지수가 120 이하일 때라면 현금 1억 원은 투자자금으로 충분히 가치가 있는 돈이다.

2020년에서 2022년까지 '갭 투자'는 뜨거운 감자였다. 모두가 부동산과 아파트에 열을 올렸고, 자고 나면 아파트 가격이 신고가를 경신했다. 그런데 이런 시기에 하는 갭 투자는 독으로 작용한다.

반면에 시장이 침체되어 있고 경매 유찰이 심할 때는 갭 투자가 도움이 된다. 노동 소득으로는 도저히 집을 살 형편이 안 될 때 갭 투자는 내 집 마련의 중요한 방법이 될 수도 있다.

지금부터라도 늦지 않았다. 5년 뒤 또다시 허탈함과 자괴감에 빠지지 않으려면 미리 준비해야 한다. 투자 역량을 키워라. 그리고 급여 중 50퍼센트는 반드시 먼저 떼어놓고 나머지 돈으로 생활하는 습관을 들여라. 그렇게 기회를 만들어가는 인내가 필요하다.

'급여의 50퍼센트로 생활을 하라니… 그게 가능한가?'라며 의아해할 수도 있다. 물론 이는 극기에 가까울 정도로 힘든 일이다. 하지만 한 살이라도 젊었을 때 미래를 위한 준비를 해두지 않으면 훗날 더 큰 고통을 겪어야 한다. 노후는 눈 깜짝할 사이에 우리 앞에 다가온다. 그제서야 '10년 전에 미리 준비해둘걸' 하며 후회해봐야 이미 늦다.

자산의 거품이 꺼지고 다시 정상화되는 과정은 이미 시작되었고, 2025~2028년 즈음에야 마무리될 것으로 보인다. 그동안 내 가족에게 딱 맞는 똑똑한 집 한 채를 마련하기 위한 준비를 해야 한다. 이번 달부터 당장 50퍼센트 저축을 시도해보자. 현실적으로 그게 너무 힘들다면 25퍼센트를 떼어놓고 생활하면서 어느 부분에서 얼마나 생활비를 줄일 수 있는지 찾아가며 가계 다이어트 연습을 해보는 것도 좋다. 그것이 리치 코어를 터득하는 첫 번째 열쇠가 될 것이다.

무너져가는 사업과
자존감을 일으켜 세우다

2019년 11월, 제주도에 있는 실내 롤러장을 인수한 김영혜 씨50세. 초기 두 달간은 매출이 아주 좋았다. 이대로만 가면 안정적으로 투자 수익을 챙길 수 있겠다고 안심하던 순간도 잠시, 2020년 1월 말 코로나19 팬데믹으로 롤러장은 그야말로 폐허가 되었다. 임대료와 관리비를 연체하면서 1년여의 시간을 보내고 나니 더는 버틸 힘이 없었다. 거액을 투자해서 수익을 올리기는커녕 대출까지 받아 임대료와 관리비를 내야 하는 상황에 하늘이 무너지는 고통을 겪었다. 설상가상으로 남편과도 점점 사이가 멀어지고 다툼도 잦아졌다. 도저히 더는 못 버틸 것 같던 그때, 영혜 씨는 코어리딩 과정을 알게 되었다.

"1년에 서너 권의 책도 제대로 읽지 않는데 이런 수업이 과연 나와 잘 맞을까? 지금 나한테 도움이 되기는 할까? 한참을 망설였어요. 하지만 점점 더 무기력해지고 삶이 멈춰버린 것 같은 적막함을 견딜 수가 없었어요. 지푸라기라도 잡는 심정으로 코어리딩 과정에 참여하게 되었죠."

코어리딩을 접한 영혜 씨는 처음에는 확신이 없었지만 점차 달라졌다고 말한다. 우선 사업을 일으켜 세우기 위한 실마리를 찾기 위해 코어리딩의 핵심적인 방법을 익혀나갔다. 먼저 질문을 던지고, 그 질문에 대한 해답을 찾을 수 있을 만한 책을 선택해 정독했다. 그 과정에서 가장 중요한 핵심만 뽑아서 다시 편집해 그 방법을 사업장에 그대로 적용하기 시작했다.

코어리딩의 효능을 확인하는 데는 그다지 오랜 시간이 걸리지 않았다. 점차 사업의 적자 규모가 줄어들기 시작했고 1년 만에 대출금 5,000만 원을 상환할 수 있게 되었다. 무엇보다 중요한 것은 부정적인 상황에 처했을 때 거기에 매몰되어 주저앉지 않았다는 점이다. 긍정적인 마인드로 전환해 새로운 길을 찾으려 했다. 그만큼 생각의 힘이 강해졌다. 새벽 4시에 일어나 명상하고 책을 읽는 과정에서 미래의 업과 건강 관리에 대한 인사이트도 얻었다.

"제가 제주도에서 서울까지 가서 코어리딩 과정에 참여할 수 있었던 건 간절함 때문이었어요. 당시에 사업도 힘들었지만 지인에게 폰지사기를 당해서 너무나 큰 인생 수업료를 냈거든요. 두 번 다시는 건강과 사람, 둘 다 잃지 않겠다는 마음으로 다시 일어설 방법을 찾아 나섰어요. 그렇게 간절한 마음으로 도서관을 찾았고 코어리딩에 진심을 다해 몰입했죠."

영혜 씨는 코어리딩 덕분에 사업에 성공할 수 있었다. 하지만 그보다 더 중요한 것을 얻었다. 더는 불확실한 미래를 걱정하며 두려움과 불안에 떨지 않는다는 점이다. 또한 어떤 일이 생겨도 최선을 다해 대처할 수 있다는 자신감과 단단한 마음도 얻게 되었다.

Chapter 4

안전하게 준비된

미래를 위한

코어리딩

10년을 먼저 읽고 대비하는 포사이트 리딩

요즘 뉴스에는 연일 경기침체와 인플레이션, 끝날 기미가 보이지 않는 러시아-우크라이나 전쟁 등 우울하고 위협적인 소식이 가득하다. 특히 금리인상과 고용 불안은 평범한 직장인들의 삶에도 짙은 위기의 그림자를 드리우고 있다. 불과 1년 전까지만 해도 어딜 가나 주식과 부동산 투자로 돈 번 사람들의 이야기가 넘쳐났다. 하지만 지금은 어떤가? 이제는 집과 자산을 모두 팔아도 빚을 갚을 수 없는 '금융부채 고위험 가구'의 위기를 걱정해야 한다.

2022년 10월 한국은행이 발표한 가계부채 현황에 따르면, 2021년 말 기준 금융부채 고위험 가구는 모두 38만 1,000가구로 집계됐다. 특히 2020~2021년 영끌해서 부동산을 매입한 사람은 102만 명에 달한다. 이들이 대표적인 위험가구가 될 것이다.

이처럼 위기는 예측 불허의 쓰나미처럼 순식간에 우리를 덮칠 수 있다. 하지만 전문가들이 끊임없이 위기 상황을 경고한다 해도 그것이 눈앞에 닥칠 때까지는 대부분 모르거나 믿지 않는다. 그러다 위기의 한가운데 놓여서야 대책을 찾으니 그 대책이 효과를 발휘할 리 만무하다. 한 치 앞도 내다보기 힘들 만큼 빠르게 변화하는 동시에 위기의 주기가 짧아지는 시대에 우리에게 필요한 것은 무엇일까? 그것은 10년 앞을 내다볼 수 있는 안목이다. 그래야 위기가 찾아왔을 때 누구보다 빨리 기회로 바꿀 수 있다.

이처럼 미래를 예측하고 계획하고 대비하는 힘은 '포사이트 리딩foresight reading'에서 나온다. 그럼 포사이트 리딩이란 무엇일까?

MIT 교수 비나 벤카타라만Bina Venkataraman은 《포사이트》에서 7년간의 연구 끝에 장기 의사결정의 핵심을 알아냈다고 언급했다. 그 핵심은 잠재된 포사이트foresight를 활용해 미래를 예측하고, 계획하고, 대비하는 것이다. 다시 말해 포사이트 리딩은 미래를 정확하게 꿰뚫어보고 그것을 통해 철저하게 대비하는 것까지를 포함한 개념이다. 그리고 그 구체적 방법론으로 내가 제안하는 것은 '교토삼굴' 전략이다.

당신에겐 미래를 위한 교토삼굴이 있는가?

'교토삼굴狡兔三窟'의 의미는 지혜로운 토끼는 3개의 굴을 준비한다는 것으로, 《사기史記》 중 〈맹상군열전孟嘗君列傳〉에 실린 사자성어다. 이 말은 앞으로 닥칠 환란을 피하기 위해 대책을 세워놓는 지혜, 혹은 무슨 일이든 미리 준비해야 한다는 의미로 쓰인다.

제齊나라 재상 맹상군孟嘗君은 집에 3,000명이나 되는 식객食客을 거느릴 정도로 부유했는데, 세력 있는 대갓집에 얹혀살며 문객 노릇을 하던 이들을 식객이라 불렀다. 식객들은 저마다 재주와 학식이 뛰어나 맹상군은 식객들과 어울려 세상 돌아가는 이야기하는 것을 즐겼다. 당시 맹상군은 설薛 지역을 다스리며 그 지역 백성들에게 돈을 빌려주고 이자를 받아 그 많은 식객을 부양하고 있었다. 한데 이들이 돈을 제때 갚지 않자 근심에 빠졌다. 어느 날 맹상군은 식객들을 둘러보며 말했다. "누가 설나라에 가서 내가 빌려준 돈을 징수해오겠는가?" 이때 선뜻 나서는 이가 없었는데 오직 풍환馮驩만이 그 임무를 맡겠다고 자청했다.

맹상군은 그때까지만 해도 풍환을 눈여겨보지 않았다. 하지만 지원자가 한 사람이니 어쩔 수 없이 그에게 임무를 맡겼다. 풍환은 출발하기 전에 맹상군에게 물었다 "징수가 끝나면 그 돈으로 무엇을 사올까요?" 맹상군은 "무엇이든 자네 마음대로 사 오게. 단, 우리 집에 없는 것이어야 하네."라고 답했다.

설 나라에 도착한 풍환은 채무자들을 불러 모아 차용증을 살펴본 후 이렇게 말했다. "맹상군께서는 여러분의 성심성의를 고맙게 생각하시어 채무를 면제해주라고 하셨소." 그러고는 받은 이자를 다시 돌려주고 차용증은 받은 후 모조리 불을 질렀다. 채무자들은 기쁨에 날뛰며 연신 "맹상군 만세!"를 외쳤다.

다시 제나라로 돌아온 풍환에게 맹상군은 무엇을 사왔느냐고 물었다. 풍환의 답은 맹상군을 아연실색하게 만들었다. "나리의 저택에는 없는 것 없이 다 갖춰져 있으나 다만 한 가지 의義가 빠져 있습니다. 그래서 그걸 사왔습니다." 차용증을 모두 불사르는 대신 '의'를 사왔다는 풍환의 답에 맹상군은 기가 막혔다. 그렇다고 풍환을 나무랄 수도 없어 그저 속으로 화를 삭힐 수밖에 없었다.

그러고 1년이 지난 후, 맹상군은 임금의 미움을 사서 재상 자리에서 쫓겨나고 말았다. 맹상군이 몰락하자 그 많던 식객들은 모두 뿔뿔이 흩어져버렸다. 다만 풍환만이 그의 곁을 떠나지 않았고, 맹상군에게 가산을 정리해 설 땅으로 가서 훗날을 도모하라고 권했다. 이윽고 설 땅에 도착한 맹상군은 깜짝 놀라고 말았다. 백성들이 모두 몰려나와 그를 환영하는 것이 아닌가. 그제서야 맹상군은 풍환이 "의를 샀다."고 한 말의 의미를 깨달았다.

맹상군의 칭찬을 받은 풍환은 이렇게 말했다. "영리한 토끼는 굴이 3개나 있기 때문에 위험에서 벗어날 수 있습니다. 하지만 주군께서는 아직 굴이 하나밖에 없으니 안심할 수 없습니다. 제가 나머지 굴 2개를 마련해드리지요."

풍환은 위魏나라 왕을 알현한 자리에서 맹상군 같은 큰 인물을 불러들여 위나라 재상으로 삼으면 반드시 부국강병富國强兵을 이룰 거라고 말했다. 맹상군의 명성을 익히 들어 알고 있던 위나라 왕은 기뻐하며 사신을 보냈다. 그런데 풍환은 사신보다 먼저 제나라로 돌아와서는 제나라 왕에게 위나라가 맹상군을 재상으로 임명하려

한다고 전했다. 이 말을 들은 제나라 왕은 화들짝 놀라며 즉시 사신을 맹상군에게 보냈고 재상의 즉위를 복원시켜주었다. 이로써 두 번째 굴이 완성되었다.

마지막으로 풍환은 맹상군에게 설 땅에 제나라 선대의 위패를 모실 종묘를 세우도록 했다. 조상의 종묘가 맹상군이 다스리는 땅에 있다면 왕의 마음이 바뀌어도 그를 함부로 대하지 못하기 때문이었다. 그제야 풍환은 맹상군에게 이렇게 말했다. "이것으로 주군께서는 굴 3개를 마련하셨습니다. 이제부터는 베개를 높이 베고 편안히 주무십시오."

곧 다가올 노후, 오래 지속될 미래

유비무환有備無患, 미리 준비되어 있으면 우환을 당하지 않는다는 의미를 지닌 말이다. 하지만 요즘처럼 불확실성이 큰 세상에서는 한 가지 준비만으로는 부족하다. 적어도 굴 3개는 마련해놓아야 위기를 이겨낼 수 있다. 풍환과 같은 지혜로운 현인이 곁에 있으면 좋겠지만 누구나 맹상군의 행운을 가질 수는 없다. 따라서 우리는 스스로 우환을 대비할 3가지 굴을 마련해놓아야 한다. 특히 퇴직을 앞둔 직장인이라면 한시라도 빨리 자신만의 교토삼굴을 파놓는 것이 필요하다.

우리나라는 OECD 국가 중 자영업 비율이 7위를 기록할 정도로 전체 경제 규모 대비 자영업이 큰 비중을 차지하는 나라다. 1998년에는 자영업 비중이 무려 38.3퍼센트나 될 정도였다. 그때 이후로 많이 축소되긴 했지만, 2021년 기준으로 20퍼센트를 넘어섰으니 여전히 비중이 높다. 무엇보다 이들 가운데 70퍼센트 이상이 연 매출 1억 원 미만의 영세 자영업자로 분류될 정도로 경영 상태가 좋지 않은 것이 현실이다.

우리나라는 IMF 구제금융과 글로벌 외환위기 등을 겪으면서 점점 더 직장인의 은퇴 시기가 빨라지고 있다. 반면 재취업 시장은 더 좁아지는 추세다. 최근 통계청의 경제활동인구조사 결과, 자영업자 22.2퍼센트는 재취업이 어려워 창업을 선택했다고 답했다. 하지만 이 통계에 따르면 서울 휴게음식점 절반이 3년 내 문을 닫았다. 3년 이내에 폐업할 확률이 무려 52.2퍼센트에 해당하며 허가 대비 폐업률은 최근 10년 새 더욱 급증했다.

국세청과 국민건강보험공단이 발표한 '자영업자 건보료 간주 납입 현황'을 살펴보자. 2017년부터 2021년까지 '사용자 보수월액 간주 규정'에 따라 건보료를 납입한 자영업자 중 직원보다 소득이 적은 자영업자 100만 명이 5년간 3,600억 원에 달하는 건강보험료를 추가로 낸 것으로 나타났다. 준비 없는 자영업은 지옥문을 여는 열쇠다. 이런 수치들은 우리가 처한 현실을 명백히 보여주기에 반드시 그 의미와 맥락을 제대로 짚고 넘어갈 필요가 있다.

만약 이들이 직장생활을 할 때 은퇴 후의 삶을 대비해서 교토삼굴 전략을 수립했다면 무작정 자영업에 뛰어들지는 않았을 것이다.

100세 시대를 살면서 60세 이전에 은퇴하는 중장년들이 지속적으로 수입을 거둘 수 있는 방법으로 자영업만이 유일한 길은 아니다. 10년 전부터 차근차근 은퇴를 준비해온 사람이라면 과도한 사교육비나 불필요한 지출을 줄여 종잣돈을 불리지 않았을까? 미리 준비하는 자세를 갖춘 이들이라면 투자 공부를 게을리하지 않았을 테니 분명 자신만의 화수분을 만들어놓았을 것이다. 자영업 대신 잘나가는 기업에 투자해 배당금을 받는 전략, 혹은 사업을 하더라도 부자들이 좋아하는 테마의 사업을 하는 등 보다 실리적인 계획을 세웠을 거란 뜻이다.

주변에 풍환과 같은 영민한 조력자가 없어도 상관없다. 어쩌면 자신이 스스로의 풍환이 되어야 한다. 다양한 데이터를 분석해 주요한 맥을 짚을 줄 알면 남들이 보지 못하는 기회와 리스크를 동시에 볼 수 있다. 가령 지난 10여 년간 자영업의 폐업률과 리스크가 가장 큰 분야는 무엇인지에 대해 분석하는 것이다. 그런 준비가 된 사람이라면 주변의 권유에 쉽게 흔들리지 않는다.

대다수 사람들이 자영업에 퇴직금을 송두리째 투자하는 무모한 모험을 하는 이유는 다양한 데이터 속에 숨어 있는 핵심을 읽어내는 코어리딩을 하지 않기 때문이다. 세상의 흐름을 꿰뚫어보지 못하니 가장 손쉬운 길을 택할 수밖에 없다. 그 길이 실패로 가는 길일지라도 말이다. 가설사고를 통해 다양한 변수를 예측하고 해당 문제에 직면했을 때 어떤 해결책으로 대처할지 고민한다면 결코 섣불리 결정하지 않는다. 이것이 바로 평생 가난해지지 않는 교토삼굴을 만드는 기본이다.

돈은 불행을 막아내는 도구

개미 투자자 중 박영옥 대표만큼이나 유명한 슈퍼개미가 있다. 바로 김봉수 전 카이스트 교수다. 그는 어릴 적 아버지가 주식으로 집한 채를 날린 기억이 있어 '주식을 하면 인생이 망한다'는 생각을 갖고 있었다. 하지만 미국 유학 중 애플에 투자해 큰돈을 번 사람들을 보고 주식투자에 대한 마인드를 바꾸게 된다. 특히 2002년 주식으로 큰돈을 벌었던 지인의 조언 및 투자 성공사례를 접하면서 주식에 대해 제대로 알아봐야겠다는 마음을 먹게 된다.

이후 그는 책을 읽으며 주식 공부를 하고 눈이 트인다. 한국 주식이 얼마나 저평가받고 있는지 알게 되자 용단을 내린다. 아내의 반대를 무릅쓰고 집을 담보로 대출을 받아 전 재산이었던 4억 원을 주식에 투자한 것이다. 2005년 본격적으로 주식 시장에 뛰어든 그가 투자한 의류업체 F&F와 부산방직 등 다수의 종목은 10배가 넘는 수익을 올렸다. 그렇게 투자를 시작한 지 10년 만인 2015년에는 500억 원의 자산을 운용하는 슈퍼개미이자 개미 투자자들의 롤모델이 되었다.

그는 "주식투자의 성공은 90퍼센트가 운에 좌우된다고 해도 나머지 10퍼센트는 노력으로 바꿀 수 있다."고 말한다. 그 10퍼센트를 바꾸기 위해 투자의 본질을 이해하는 코어리딩을 해야 하는 것이다. 만일 이런 공부를 하지 않고 투자한다면 그의 말처럼 '타이거 우즈와 일요일마다 1억 원을 놓고 골프 시합을 하는 것'과 같을 것이다. 그만큼 무모하단 뜻이다.

그는 일반투자자들이 주식투자에 실패하는 이유를 '이성적이고 합리적인 투자가 아닌 감정적이고 본능적인 투자를 하기 때문'이라고 지적한다. 특히 뉴스, 지인, 미디어를 통해 욕망이 자극을 받을 때 사람은 이성의 힘을 잃는다. 내 관점이 없으면 쉽게 흔들리고 쉽게 꺾인다. 하지만 코어리딩을 하는 사람은 불필요한 잡음은 자신의 필터로 걸러내고 중요한 시그널은 정확히 포착한다.

또 그는 '돈은 행복을 주는 수단이라기보다는 불행을 막아내는 도구'라고 했다. 교토삼굴 중 경제 굴을 파야 하는 이유도 이와 같다. 어느 순간 어떻게 닥칠지 모르는 위기 상황을 의연히 대처하려면 돈이 나오는 굴이 있어야만 한다.

위기를 기회로 바꿔줄
'재테크 굴'을 파라

전 세계적인 경기침체가 우리를 찾아왔다. 정부는 이번 위기는 다르다고 하지만 경상수지 적자 폭이 점점 커지고 외환보유고는 줄어들고 있으니 수출 중심 국가로서는 힘겨운 상황이다. 이를 지켜보는 국민들로서는 지난 금융위기가 재현되는 게 아닌가 하는 우려를 지울 수 없다.

2017년 KDI 설문조사 결과를 보면 당시 국민의 절반 이상57.4퍼센트이 '지난 50년간 최대 위기는 1997년 IMF'라고 응답했다. 다음 표에 나와 있듯이 그 이후에도 몇 차례 큰 위기가 찾아왔다. 이러한 위기의 시기를 현명하게 보냄으로써 큰 자산가가 된 사람도 있고, 재기 불능의 나락으로 떨어진 사람도 있다.

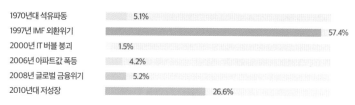

지난 50년간 한국경제의 가장 어려운 시기	
1970년대 석유파동	5.1%
1997년 IMF 외환위기	57.4%
2000년 IT 버블 붕괴	1.5%
2006년 아파트값 폭등	4.2%
2008년 글로벌 금융위기	5.2%
2010년대 저성장	26.6%

*출처 : KDI

그렇다면 지금 이 위기 상황에서 우리는 어떻게 해야 부를 빼앗기지 않을 수 있으며, 어떻게 해야 새로운 부를 만들어낼 수 있을까? 포사이트 리딩 3단계를 통해 그 구체적 방법을 함께 살펴보자.

포사이트 리딩 1단계 : 핵심을 찾아라

우리가 원하든 원하지 않든 경제 파동은 주기적으로 생길 수밖에 없다. 이때 위기의 역사 속에서도 반복되는 일정한 패턴, 즉 핵심을 제대로 찾아내는 포사이트 리딩을 하는 사람은 그 파동에 대비하기 위한 교토삼굴을 만들 수 있다.

앞서 맹상군의 이야기를 기억할 것이다. 맹상군이 위기에 처했을 때, 풍환은 자신이 그를 위해 설 땅에 마련해둔 첫 번째 굴로 그를 안내했다. 지금 우리에게도 그 1개의 굴이 필요하다. 그 굴은 은퇴 후의 경제 여건을 보장해줄 수 있는 '재테크 굴'이다. 이를 위해서는 직장생활을 하는 등 안정적인 수입원이 있을 때 재테크 플랜을 짜야 한다. 그리고 은퇴 후의 삶을 10년 단위로 계획할 수 있어야 한다. 미래를 읽는 포사이트 리딩을 모르는 사람이라면 섣불리 자영업에 뛰어들어 퇴직금을 날리는 우를 범하지만, 포사이트 리딩을 하는 사람이라면 안정적인 노후 설계부터 할 것이다.

포사이트 리딩 2단계 : 핵심을 읽어라

개인이든 기업이든 잘나갈 때는 그 기세가 영원히 이어질 것처럼 보인다. 하지만 기업이 최고 실적을 달성하고, 운동선수가 금메달을 땄을 때가 가장 심각한 위기 상황이기도 하다. 경제도 마찬가지다. 앞서도 말했듯이 엄청나게 풍부한 유동성으로 주식과 부동산이 신고가를 경신할 때가 가장 위험하다. 경제 파동은 10~15년 단위로 끊임없이 반복된다. 우리가 살아 있는 동안에도, 자녀 세대와 손자 세대에도 반드시 이 경기 사이클은 지속된다. 이런 핵심을 읽을 줄 알아야 시대의 파고 속에서도 생존이 가능하다.

"거대한 금융위기가 발생할 때마다 나타나는 현상이 이번에도 예외 없이 나타났다. 즉, 주식과 부동산 투기가 확대되면서 물가가 급등하다 결국은 가격이 폭락한 것이다. 투자자들이 엄청난 손실을 입고 투매하고 결국 투기 행위가 급속히 소멸되면서 그동안 발생했던 버블이 순식간에 꺼져버리는 현상은 반복됐다."

독일 신문 〈프랑크푸르터 알게마이네 차이퉁〉의 경제팀이 쓴 《한 권으로 읽는 경제위기의 패턴》의 한 대목이다. 놀라운 사실은 2009년에 출간된 이 책 속 상황이 2023년 현재 우리가 직면한 위기와 다를 바가 하나도 없다는 점이다. 이 책은 금융역사상 가장 치명적인 세계금융위기 17가지의 원인과 상황을 진단하고 있다. 이 책을 포사이트 리딩하면 현재 우리가 처한 위기가 어떻게 흘러갈지 읽어내는 데 상당한 도움이 된다. 즉 단순히 텍스트를 읽는 게 아니라 거기 담긴 위기의 패턴을 읽고, 경제위기의 향방을 짚어내는 통찰력을 얻어야 한다.

다음에 나오는 그래프는 지난 100년 동안 미국주식 시장이 여섯 번의 경제 충격 속에서 등락을 거듭한 주기를 보여준다. 여섯 번의 위기를 겪으며 결국엔 우상향하는 모습을 볼 수 있다. 즉 오늘날과 같은 위기도 투자를 포기해야 하는 상황이 아니라는 말이다. 모두가 시장을 떠나라고 할 때가 바로 시장에 주목해야 할 때다. 이처럼 본질을 꿰뚫는 통찰력이 생기면 같은 것을 봐도 다르게 해석한다. 그리고 선택 또한 달라진다.

10년 만에 찾아온 위기, 통찰력 있는 사람이라면 이번 위기가 '재테크 굴'을 제대로 팔 기회임을 포착할 것이다. 위기에 관해서는 점쟁이가 아닌 풍환이 되어야 한다. 언제 위기가 닥쳐올지 시기를 맞추려는 노력 대신 어떻게 대비할지 계획을 세우고 기회를 엿보는 자세가 중요하다. 무엇보다 부자를 향한 시기심, 빨리 부자가 되고 싶은 조바심은 미래 준비를 그르치게 하는 원흉이다. 특히 타인을

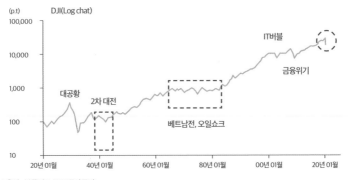

*출처 : 블룸버그, BNK투자증권

부러워하고 질투하는 데 쓰는 에너지는 그야말로 자신을 갉아먹을 뿐 그 어떤 긍정적 영향도 주지 않는다. 그럴 시간에 그 에너지로 나를 위한 굴을 파야 한다.

포사이트 리딩 3단계 : 핵심을 실행하라

미국의 전 대통령 존 F. 케네디는 "중국인은 '위기'를 두 글자로 쓴다. 첫 글자인 위(危)는 '위험'을 말하고, 두 번째 글자인 기(機)는 '기회'를 뜻한다. 위기 속에서는 위험을 경계하되 기회가 있음을 명심하라."라고 말했다. 중요한 것은 어떤 관점을 갖느냐다. 지금 나에게 풍환은 누구인가 생각해보자. 만일 그런 현인이 곁에 없다면 자신이 풍환의 관점으로 무장하고, 삶에 어떤 위기가 닥쳐올지 가설사고를 해야 한다. 위기 속에서 기회를 보는 것이야말로 포사이트 리딩의 핵심이다.

테러, 전쟁, 바이러스, 금융위기 등 앞으로도 많은 위기가 발생할 것이다. 위기 없는 국가와 기업, 개인은 없다. 따라서 미래의 생존은 평소 위기를 대비해 얼마나 다양한 준비를 얼마나 철저하게 했느냐에 달려 있다. 국가적 위기와 나에게 닥칠 수 있는 위기를 미리 적어 보는 것이 그 출발점이다.

주식 농부 박영옥 대표는 스스로 풍환이 되어 굴을 파놓은 대표적 인물이다. 그는 '왜 나보다 훌륭한 사람들이 주식투자로 돈을 벌지 못할까?'라는 근원적 물음을 던졌다. 그리고 그 해답을 찾아가며 주식투자에 관한 코어리딩을 시작했다. 그는 IMF 위기를 겪으면서 몸소 경험한 것과 자신만의 공부로 기업이 세상을 이끌어간다는 것을 깨달았다. 그리고 위대한 기업을 찾기 위한 여정에 나섰다. 포사이트 리딩의 마지막 단계인 '핵심을 실행'한 것이다.

그가 오랜 시간 갈고 닦은 투자 정신은 부의 씨핵이 되었다. 나아가 위기가 닥쳤을 때 누구보다 빨리 기회를 낚아채는 실행의 원동력이 되어주었다. 포사이트 리딩 훈련을 한다면 누구라도 자신만의 투자 씨핵을 만들 수 있으며, 기회가 왔을 때 위기에 배팅해 큰 부자가 될 수 있다.

일하고 싶을 때까지 일할 수 있는 '일자리 굴'을 파라

영화 〈싱크홀〉은 어렵사리 내 집 마련의 꿈을 이룬 한 남자의 이야기를 담고 있다. 주인공 동원은 11년 동안 알뜰히 모은 돈으로 빌라를 장만한다. 하지만 그 기쁨도 잠시, 직장 동료들을 초대해 집들이를 하던 중 순식간에 빌라 전체가 땅속으로 꺼지고 만다. 영화는 이렇게 싱크홀에서의 눈물겨운 탈출기를 그려낸다.

살면서 이런 싱크홀을 겪는 사람은 극소수다. 하지만 느닷없는 해고나 퇴직으로 일자리 싱크홀에 빠지는 이들은 허다하다. 이러한 일자리 싱크홀은 점점 더 깊어질 뿐 아니라 도처에 생기고 있다. 여기서 탈출하려면 영화 속 주인공들처럼 고된 시련을 이겨내야 한다. 어느 순간 사라진 톨게이트 징수원과 마트 캐셔들을 생각해보라. 자동화로 인한 일자리 소멸뿐 아니라 경제 위기 때문에 감행되는 감원의 주인공이 바로 '나' 자신이 될 수도 있다.

더군다나 경기침체가 예고된 2023년은 기업들의 감원이 본격화될 전망이다. 당연히 일자리 싱크홀은 더욱 심해질 것이다. 하지만 일자리는 가정 경제를 지키는 버팀목이자 삶의 중요한 활력 중 하나다. 다시 말해 갑작스런 해고와 퇴직 후에도 일할 수 있도록 대비를 미리 해놔야 한다는 뜻이다.

포사이트 리딩 1단계 : 핵심을 찾아라

'교토삼굴' 속 두 번째 굴 이야기를 해보자. 풍환은 위의 혜왕에게 맹상군을 등용하면 제나라를 견제할 수 있다고 부추겨서 세 차례나 맹상군을 찾아와 중용을 권유하게 만든다. 그러나 풍환은 자신이 혜왕을 꼬드겼음에도 맹상군에게는 혜왕의 제안에 응하지 말라고 한다. 이후 혜왕이 몇 차례나 맹상군을 찾아왔다는 사실이 세상에 알려지자, 제나라의 민왕은 맹상군의 가치를 새삼 깨닫고 그를 다시 중용하게 된다. 이것이 풍환이 파놓은 두 번째 굴이다.

일자리의 판이 완전히 달라지고 있다. 당연히 우리도 두 번째 굴을 마련해야 한다. 오늘날 평생직장은 소수의 몫이다. 이제 우리 대부분은 최소 4회에서 최대 10회 이상 비정규직 일자리를 전전해야 하는 상황에 놓였다. 정규직이 아닌 비정규직 일자리의 홍수가 시작될 전망이다. 이는 수치로도 증명된다. 2022년 발표한 통계청의 자료에 의하면 청년 3명 중 1명은 비정규직으로 사회생활을 시작하는 것으로 나타났다. 그리고 최종 학교 졸업 후 취업까지는 평균 11개월이 걸렸다.

2020년 잡코리아와 알바몬이 직장인 530명을 대상으로 실시한 '체감 정년과 노후 준비 현황' 설문조사 결과는 어떨까? 직장인이 예상하는 자신의 퇴직 연령은 49.7세였다. 2017년에는 50.9세로 조사되었는데 4년 만에 1.2세가 낮아진 것이다. 법정 정년60세에 비해서도 10년 정도 이른 나이다.

앞으로 10년 뒤 평균수명은 더 길어지고 체감 정년은 더 낮아질 것이다. 어디 그뿐인가? 지금의 40~50대 이하 세대는 자식의 부양을 기대할 수도 없다. 이런 추세가 빨라질수록 정년퇴직 이후에도 경제활동을 계속하면서 활동적인 노후를 보내고 싶어 하는 직장인들은 늘어날 수밖에 없다. 이런 상황에서 우리는 어떤 준비를 하고 있는가?

운동선수들이 최고의 전성기를 지나 기량이 하향 곡선을 그리는 '에이징 커브aging curve'를 맞듯이 직장인을 비롯한 급여 생활자들도 일정 지점에 이르면 급여 에이징 커브 시기를 맞는다. 그 시기에 도달하기 전에 경쟁력을 2~3배가량 높여놓지 않으면 급여 에이징 커브의 큰 낙차를 경험할 수밖에 없다.

이럴 때일수록 코앞에 닥친 일에만 매달리지 말고 적어도 10년 앞을 내다보는 포사이트 리딩이 필요하다. 자신의 업무와 사업상의 경쟁력을 강화하기 위한 핵심 역량 강화의 필요성을 빠르게 포착해야 한다는 의미다.

포사이트 리딩 2단계 : 핵심을 읽어라

한국은 2025년에 초고령 사회로의 진입이 예약되어 있다. 2022년 4월 통계청이 발표한 자료에 따르면, 내국인 가운데 만 65세 이상인 고령인구는 2020년 기준 807만 명에서 2025년 1,045만 명으로 치솟을 전망이다. 향후 약 20년 동안 '고령 내국인'은 2배 넘게 늘어나고, 65세 미만의 '일하는 사람'은 급속도로 줄어들 전망이다. 100세 시대에 60세 이후부터 일 없이 사는 것은 결코 행복한 삶이 아니다. 아무리 경제력이 뒷받침된다 해도 일을 통한 성취감, 반복적 일상의 루틴이 있어야 삶의 생기가 사라지지 않는다.

일에서 성장 동력을 찾는 사람은 그렇지 않은 사람보다 더 활기찬 삶을 살 수 있다. 변화에 열려 있고 새로운 것을 기꺼이 배우는 삶은 즐거울 수밖에 없다. 무엇보다 일을 하다 보면 문제에 봉착하고 그것을 해결하기 위해 자신에게 질문을 던지는 경우가 많다. 그 과정에서 끊임없이 자기 성찰을 하게 되는데, 이것이 성장과 도약의 계기로 이어지는 경우가 많다.

은퇴 후 5년~10년 동안 할 일이 있다는 것은 축복이다. 우리가 교토삼굴 중 '일자리 굴'을 마련해야 하는 이유다. 최근 파이어족을 꿈꾸는 이들이 급격히 늘어났으며 그 연령도 점점 낮아지는 추세다. 성공한 파이어족은 경제적으로 자유로울 뿐 아니라 끊임없는 투자 공부를 한 덕분에 노후가 든든하다. 그뿐 아니다. 조기 퇴사 후 경제적 압박 없이 자신이 원하는 일을 하면서 사회적 인간으로서의 삶을 누리는 경우도 많다.

포사이트 리딩 3단계 : 핵심을 실행하라

"전직 후 행복해서 월요일만 기다려진다."

제너럴일렉트릭 마케팅팀에서 일하던 최재용 씨는 회사를 그만두고 가전 홈쇼핑 게스트로 일하다가 55세 때 모바일 쇼핑호스트로 한 번 더 전향했다. 지금은 모바일쇼핑호스트아카데미까지 설립해서 운영 중이다. 곧 60세를 바라보지만 젊은 친구들 못지않게 활기찬 태도로 일하면서 도전을 멈추지 않는다. 최재용 씨는 50세부터 새로운 직업을 찾기 위해 노력했기 때문에 인생 2막을 제대로 열 수 있었다. 스스로 원하는 것이 무엇인지 끊임없이 질문하고 그 답을 찾기 위해 노력했기에 가능한 결과다.

나이 제한 없이 건강과 니즈만 충족되면 언제까지든 할 수 있는 일은 앞으로 더 많아질 것이다. 능력만 된다면 일하고 싶을 때까지 일할 수 있다는 뜻이다. 대신 그렇게 되려면 지금 하는 일에서 더 확장해나갈 수 있도록 나만의 핵심 경쟁력을 찾아 역량을 강화해야 한다.

일은 본질적으로 선한 행위다. 또한 그 열매를 통해 다른 사람을 도와줄 수도 있다. 이는 일의 비본질적인 가치로, 삶의 외연을 확장해주고 다양한 관계를 맺게 해준다. 이와는 반대로 일하지 않는 게

으름뱅이는 자신의 삶 속에만 갇혀 있게 된다. 그러면 정신적·육체적 무기력 상태에서 벗어나지 못해 현재 자신이 지닌 근본적인 문제에 다다를 수 없다. 당연히 포사이트 리딩 자체가 불가능해진다.

미래를 읽기 위해서는 자기 인식과 자기 통찰이 필요한데, 이는 매일 하는 일을 통해 이뤄져야 한다. 우리는 인생의 30퍼센트 가까이를 일하며 보낸다. 어쩔 수 없이 하는 일이라 해도 그토록 많은 시간을 일에 쓴다는 것은 그만큼 내 삶에서 중요한 가치를 지닌다는 의미다.

은퇴 후가 아닌 40대부터 '건강 굴'을 파라

한없이 치솟는 물가, 월급이 스쳐 지나가는 통장, 사교육비 때문에 뒷전이 된 노후 준비…. 동시대를 사는 평범한 직장인 누구나의 고민거리다. 그런데 앞으로 100세 시대를 살아야 한다면 돈과 일자리만큼이나 중요하게 생각하고 미리 준비해야 할 것이 있다. 바로 '건강'이다. 건강을 잃으면 노후는 죽음을 기다리는 기나긴 고통의 시간으로 전락하고 만다.

대부분 노후 대비는 생활비와 의료비 등 재무 설계에 집중되어 있다. 그런데 이 모든 것은 건강한 삶을 전제로 한 준비에 불과하다. 은퇴 후 행복한 노후를 꿈꾼다면 가장 먼저 파놓아야 할 굴은 바로 '건강한 삶'이라는 굴이다. 제아무리 노후자금이 넉넉해도 치명적인 병을 앓고 있거나 간병인 없이 살 수 없는 상황이라면 어떨까? 밑 빠진 독에 물을 붓는 것이나 다름없다.

65세부터 사망할 때까지 노후 시기에 의료비는 과연 얼마나 들까? 건강보험공단의 2017년 자료에 따르면 남성은 7,030만 원, 여성은 9,090만 원이 들어간다. 그런데 국민이 예상하는 금액은 1인당 2,538만 원 수준이다. 실제 비용이 예상치의 2~3배를 넘는다. 앞으로 더욱 눈덩이처럼 불어날 노후 의료비를 충당하기 위해서는 보험 가입 등의 대비책이 필요한데 이에 대한 준비도 턱없이 부족하다.

행복수명지표에 따르면 응답자의 26퍼센트는 단 하나의 보험도 가입하지 않았다. 보험에 가입한 응답자의 절반50.8퍼센트 이상은 500만 원 미만의 소액이었다. 결국 암이나 심·뇌혈관질환 등 큰 질병에 걸리면 노후 파산이라는 최악의 상황으로 내몰릴 수 있다. 그래서 건강을 관리하는 것이 그 무엇보다 급선무다.

건강을 대비하는 것은 풍환이 맹상군에게 세 번째 굴이 완성되었으니 '고침안면高枕安眠', 즉 베개를 높이 하고 편안히 잠을 청하라고 한 말과 일맥상통한다. 종묘가 맹상군의 영지에 있다면 민왕이 다시 변심하더라도 맹상군을 어찌하지 못할 것이라는 치밀한 계산이 풍환에겐 있었다. 그리고 민왕을 설득해 맹상군이 다스리는 마을에 제나라의 종묘를 만들도록 했다. 이로써 세 개의 굴을 완성한 풍환이 맹상군에게 한 말이 바로 고침안면이다.

풍환은 위기를 감지하는 남다른 촉과 안목을 지닌 인물이다. 그처럼 교묘한 지혜로 위기를 피할 능력이 없다면 적어도 재난이 발생하기 전 미리 대비하는 자세는 갖춰야 한다. '나의 노후에 가장 중요한 게 무엇일까?'라는 질문을 해보자. 지금 당장 무엇부터 준비해야 할지 핵심 키워드를 찾을 수 있을 것이다.

포사이트 리딩 2단계 : 핵심을 읽어라

"긴 세월을 콧줄 달고 간병인에 의지해 살 것인가, 아니면 아프지 않고 건강하게 살다 갈 것인가. 어느 쪽으로 인생을 마칠지는 70대에 결정된다." 이는 일본의 정신과 전문의 와다 히데키Wada Hideki의 조언이다. 노년의 삶을 잘 보내려면 70대가 중요하다는 말이다. 그 외에도 상당수의 노후 전문가들이 건강한 노년을 위해서는 70대에 건강 관리를 하는 게 중요하다고 말한다.

하지만 내 생각은 조금 다르다. 외롭고, 아프고, 돈 없고, 일 없는 이른바 노년기의 '4고苦'에 시달리지 않으려면 40대부터 건강 관리에 적극적으로 나서야 한다. 중앙치매센터가 2022년 발간한 〈국제치매동향〉을 살펴보자. 연간 국가 치매 환자 관리비용은 2021년 기준 18조 7,000억 원이다. 이 비용은 우리나라 GDP의 약 0.9퍼센트 수준에 해당한다. 치매 환자 1명당 연간 관리비용은 평균 2,113만 원이다. 게다가 치매 환자가 증가 추세라 300만 명을 돌파하는 2050년이 되면 치매 환자 관리비용은 무려 88조 6,000억 원에 이를 것으로 예측된다.

치매 하나만 놓고 보더라도 국가적으로나 개인적으로나 비용 부담이 만만치 않다. 게다가 치매 환자 수는 계속 증가하고 있다. 치매 외에 다른 질병까지 포함한다면 경제적 비용이 얼마나 클지 짐작된다. 그중 상당 부분은 개인이 떠안아야 한다.

건강은 삶의 질에 가장 큰 영향을 미치는 요소이며 노후 경제 파산을 불러오는 주요한 원인이다. 70대에 준비한다는 것은 늦어도 너무 늦다. 40~50대에 미리 준비해야 한다. 이 시기를 어떻게 보내느냐에 따라 70대 이후의 건강과 의료비가 달라진다. 야식이나 음주와 같은 나쁜 식습관을 버리고, 미디어 중독과 운동 부족에서 벗어나야 한다. 또한 스트레스 관리를 철저히 해야 심각한 병을 예방할 수 있다. 노년의 삶이 지옥이 되지 않으려면 자기 건강은 스스로 챙겨야 한다.

포사이트 리딩 3단계 : 핵심을 실행하라

평범한 직장인들이 생각하는 노후 대비 자금은 어느 정도일까? 2020년 구인구직 매칭 플랫폼 '사람인'이 직장인 1,538명을 대상으로 '노후 준비'에 대해 조사한 결과, 노후자금에 들어가는 평균 금액은 7억 원으로 나타났다. 그런데 응답자 중 64.4퍼센트가 이 자금을 마련하지 못할 것 같다고 응답했다. 그렇다면 어떻게 해야 할까? 7억 원을 모을 수 없다면 노후자금을 줄일 수 있는 방법을 찾아야 한다. 바로 '건강을 유지해서 의료비를 줄이는 것'이다.

40대부터 건강한 삶을 유지하기 위해서는 평소 건강검진도 열심히 해야겠지만 무엇보다 생활 습관을 건강하게 만들어야 한다. 일본의 의사 나구모 요시노리 Nagumo Yoshinori가 쓴 책《1日 1食》이 베스트셀러가 되면서 전국에 '1일 1식' 열풍이 분 적이 있다. 하지만 이 열기는 금세 사그라들었다. 하루 세 끼 먹던 습관을 쉽게 바꿀 수는 없었기 때문이다. 하지만 이 책의 핵심 메시지를 정확히 파악한 사람이라면 1일 1식을 지키기는 어렵다고 판단해도 1일 2식은 실천할 수 있다.

1일 2식만 습관이 되어도 위가 작아지는 느낌을 경험한다. 물론 실제로 작아지는 것은 아니다. 배가 부르다는 포만감을 느끼게 하는 렙틴 호르몬이 분비되어 헛 배고픔이 줄고 식사의 양이 줄어드는 것이다. 이렇게 하루 한 끼의 식사만 줄여도 우리 몸은 각종 성인병에 덜 노출되어 의료비 지출을 줄일 수 있다. 더불어 식비도 33퍼센트가량 줄어드는 효과가 있다.

건강서를 읽고 올바른 지식을 채우면 자연히 잘못된 생활 태도도 바꿀 수 있다. 나는 건강서만 제대로 코어리딩해도 노후 의료 파산은 막을 수 있다고 믿는다. 내가 건강서를 코어리딩하며 건강을 관리하고 있기 때문이다. 방법은 간단하다. 우선 나의 건강 개선에 도움을 줄 건강서 7권을 선정하는 것으로 시작했다. 그리고 그 책의 저자들이 공통적으로 조언하는 메시지로 '나의 건강 10계명'을 만들었다. 그 가운데 내가 지금도 반드시 지키는 것은 1일 2식, 걷기를 통해 하루 7,000보 달성하기, 그리고 밤 10시 전에 취침하기다.

나는 건강서 코어리딩을 통해 나쁜 생활 습관을 고쳤을 뿐 아니라 의료비와 하루 한 끼의 식사비까지 절약하고 있다. 이 중 식사비만 단순 계산해도 무려 2억 원이라는 돈이 절약된다40년을 기준으로 하루 한 끼 8,000원을 계산한 결과. 지금부터라도 자신만의 건강 10계명을 만들고 꾸준히 실천해보자. 노후 의료비용 걱정을 줄이는 것은 물론이고 건강과 행복한 삶이 따라온다.

이제부터 당신도
노동 지옥에서 벗어날 수 있다

"잠자는 동안에도 돈이 들어오는 방법을 찾아내지 못한다면 당신은 죽을 때까지 일을 해야만 할 것이다." 이는 워런 버핏이 한 유명한 말이다.

지난 몇 년간 주식과 부동산은 전례 없는 대호황의 시기를 겪었다. 버핏의 조언처럼 '잠자는 동안에도 돈이 일을 하는' 경험을 한 이들도 그만큼 많았다. 자고 일어나면 아파트 가격이 수천만 원씩 올라 있고, 낮에는 국내주식으로 밤에는 미국주식으로 돈을 벌었다. 그렇게 굴러간 돈이 스노볼처럼 저절로 커져가는 경이로움을 맛보았던 것이다.

하지만 잔치는 끝났다. 풍부한 유동성이 부풀려온 버블은 꺼지기 시작했고 이제 냉혹한 현실 앞에 서야 한다. 투자에 있어 누가 고수이고 하수인지 드러나는 순간이다.

오랜 기간 투자에서 살아남는 자들의 비법을 읽어라

박영옥 대표와 김봉석 전 카이스트 교수 등 슈퍼개미를 넘어 투자의 구루가 된 이들은 어떻게 지금의 경지에 도달할 수 있었을까? 그들이 2,000억 원대 자산가라는 점과 4억 원을 500억 원으로 불렸다는 사실에 열광하는 데 그쳐서는 안 된다. 우리가 봐야 할 것은 결과가 아니라 그 결과를 만들어낸 그들의 핵심 동력이다. 무엇이 그것을 가능케 했는지 집중적으로 파헤칠 필요가 있다.

그래서 중요한 것은 2,000억 원 혹은 500억 원이라는 숫자가 아니라 그 돈을 버는 능력이다. '와우!'라는 감탄에서 그칠 게 아니라 '아하!'라는 깨달음을 얻어야 한다. 그들이 쓴 책, 강연, 대담회 등을 코어리딩한 뒤 거기서 투자의 씨핵, 즉 본질을 찾아내야 하는 것이다.

노력 없이 이상만 좇으면서 파이어족을 꿈꾸는 이들이 너무나 많다. 하지만 씨앗이 싹트는 과정 없이 하루아침에 열매를 맺는 나무는 없다. 적게 일하고 많은 돈을 벌고 싶은 마음은 누구나 갖고 있지만, 정작 그 꿈에 걸맞은 행동을 하는 사람은 많지 않다. 나는 어떤지 스스로를 되돌아보며 점검해야 한다. 이런 과정을 통해 자신만의 씨핵을 만들 수 있다. 그러면 내가 투자한 회사가 나를 위해 밤낮으로 쉬지 않고 일하면서 부가가치를 창출해줄 것이다.

지긋지긋한 노동 지옥에서 벗어나고 싶은가? 그렇다면 오랜 기간 투자에서 살아남은 사람들의 공통점을 찾아서 나의 성공 씨핵으로 삼아보자.

'노동'이 아닌 '일'을 해야 하는 이유

앞서 워런 버핏의 말을 인용했는데 거기 언급된 '일'은 노동을 의미한다고 생각한다. 우리는 노동이 아닌 일을 해야 한다. 그렇다면 노동과 일의 차이는 무엇일까? 핵심은 '자발성'에 있다. 먹고 살아야하니 마지못해 꾸역꾸역하는 일은 노동이다. 반면 능동적인 태도로일을 하며 성취감을 느낀다면 그것은 '일'이다. 똑같이 힘든 일이라해도 어떤 일은 마지 못해 하는가 하면, 어떤 일은 설렘을 안고 도전하는 마음으로 하게 된다. 즉 일의 주인이 나 자신이냐 아니냐에 따라 일을 대하는 태도나 행동이 달라진다.

우리는 누구나 노동이 아닌 '일'을 하고 싶어한다. 하지만 대부분의 사람은 노동에 허덕이며 매번 돌을 밀어올리는 시시포스의 삶에서 탈출하지 못하고 있다. 그런데 그 삶이 죽는 순간까지 이어져야한다면 생각만 해도 끔찍하지 않은가? 투자를 통해 돈이 돈을 벌어주는 시스템을 갖추는 것도 중요하지만, 내가 진정 하고 싶은 일을 찾아서 해나갈 수 있다면 그 또한 축복이다.

이를 위해서는 내가 일의 주체가 될 수 있는 법을 찾아 나서야 한다. 일의 주인이 된다는 것은 무엇일까? 일의 목적도, 성과 창출의목표도, 성과를 달성하는 데 필요한 전략과 실행방법에 대한 권한도 모두 자신에게 있다는 뜻이다. 이것이 바로 노동 지옥에서 벗어나는 두 번째 방법이자 코어리딩의 궁극적인 목표다.

한데 내가 일의 주인이 되려면 진정 내가 하고 싶은 일을 해야 한다. 경제적 속박이 크다면 하고 싶은 일을 할 수 없다. 반면 잠자는 동안에도 '돈'이 '나를 위해서' 일하는 상황이라면 이야기가 달라진 다. 돈이 나를 위해 일하는 동안 나는 내가 정말 하고 싶은 일, 내가 삶의 주체임을 깨닫게 해주는 일을 하며 진정한 행복과 자유를 누 릴 수 있다.

교토삼굴을 실천하면
누구나 행복한 삶을 살 수 있다

교토삼굴의 핵심 인물은 풍환과 맹상군이다. 우리 스스로를 맹상군이라 한다면, 지금 당장 풍환을 찾아야 한다. 풍환을 얻는 자는 미래를 선점하기 위한 중요한 키팩터key-factor를 갖게 된다. 지금은 글로벌 초우량 기업의 총수들조차 풍환과 같은 인재를 찾기 위해 혈안이 되어 있다. 앞으로 다가올 위기를 미리 예측하고, 위기 속에 숨은 기회를 찾아내기 위해서다.

그렇다면 우리의 인생에서 풍환은 어디에 있으며 어떤 존재일까? 풍환은 평범한 환경 속에서도 스스로 노력하고 정진해 특별한 재능과 혜안을 갖게 된 인물이다. 우리 안에도 이러한 풍환이 존재한다. 즉 핵심을 제대로 알고 노력한다면 각자 자신의 무의식 속에 잠재되어 있는 '풍환 DNA' 찾아낼 수 있다는 의미다. 아울러 나에게 맞는 교토삼굴을 준비하는 것도 어렵지 않다.

교토삼굴은 건강, 일, 재테크 순서로 파야 한다

우리에게 필요한 교토삼굴로 재테크 굴, 일자리 굴, 건강 굴을 이야기했다. 그렇다면 이 3가지 중 어느 굴을 가장 먼저 파야 할까? 단연 건강 굴이 우선이다. 그다음이 일자리 굴, 가장 마지막이 재테크 굴이 되어야 한다. 일과 재테크 모두 건강한 삶이 전제되지 않는다면 사상누각에 불과하기 때문이다. "건강을 잃으면 모든 것을 잃는 것과 마찬가지다." 이 말처럼 변치 않는 진리는 없다.

건강한 삶을 위해 가장 중요한 것은 식생활 개선이다. "내가 먹는 음식이 나를 만든다."라는 말처럼 내 몸을 살리는 음식을 일정하게 공급하는 것은 건강한 삶의 기본 요소다. 우리가 매일 먹는 음식은 식도를 타고 위, 소장, 대장을 지나는 동안 소화라는 과정을 거친다. 그 과정에서 음식물은 세포로 옮겨져 에너지로 전환되고 세포는 자기복제를 통해 개체 수를 늘린다. 그래서 어떤 음식을 언제 어떻게 먹느냐는 건강한 삶을 유지하는 데 아주 중요한 요소다.

늦은 밤 배달 음식을 시켜 먹으며 영화를 보는 소소한 즐거움도 누리지 말라는 거냐며 항변할 수도 있다. 하지만 '오늘 하루만'은 결코 오늘 하루에 그치지 않는다. 매주, 매달, 매년 반복되어 나쁜 콜레스테롤이 몸에 누적되면 결국 몸은 서서히 망가진다. 누적의 결과가 복리로 나오는 것이 건강이다. 따라서 지금부터라도 매일 먹고 마시는 것과 운동에 신경을 써야 한다. 건강 관리만 잘해도 노후에 필요한 자금의 50퍼센트 이상은 아낄 수 있다.

국민연금연구원의 '국민노후보장 패널 조사'에 따르면, 2021년 기준 65세 이상 1인당 적정 생활비는 1인당 월 258만 원, 최소 생활비는 198만 원이다. 물가상승률을 0퍼센트로 가정해도 퇴직 후 20년간 생활하려면 최소 5억 원, 30년간 생활하려면 7억 원이 넘는 큰돈이 필요하다.

가장 기본적인 생활을 위한 노후자금이 이렇게 많이 필요하기 때문에 은퇴 시기도 자연스럽게 늦어질 수밖에 없다. 예전처럼 60대에 정년퇴직해서 남은 인생을 돈 걱정 없이 살 수 있는 시대는 이미 끝났다. 이처럼 물가상승에 비례해서 기하급수적으로 늘어난 노후자금을 아낄 수 있는 방법 중 하나는 건강을 지키는 것이다. 이 책을 읽고 지금부터라도 '건강 굴'을 파는 독자들은 이미 노후자금의 절반은 저축한 셈이다.

교토삼굴의 두 번째 굴은 '일자리 굴'이다. 직장생활을 할 때는 주 5일은 꼬박 일해야 월급을 받을 수 있다. 하지만 앞으로 20년 후를 내다보고 특정 분야의 전문가로 제2의 인생을 준비해간다면 이야기가 달라진다. 주 3일만 일해도 일정한 소득을 얻을 수 있다. 이는 노후 걱정 없는 삶을 위한 골든티켓을 준비한 것과 마찬가지다.

골든티켓을 쥐기 위해 지금부터 해야 할 일은 주 5일 중 하루를 특별하게 보내는 것이다. 그날 하루만큼은 늘 하던 대로 일하지 않고 내가 잘한 것과 잘못한 것을 구체적으로 피드백하는 데 쓰자. 그중 잘한 것은 더 잘하도록 독려하고 못한 것은 수정과 보완 방안을 찾아 개선해나가야 한다. 이러한 노력을 계속하다 보면 업무 역량

면에서 이전보다 월등히 향상된 것을 느낄 수 있다. 당연히 조직 내에서도 평범한 구성원이 아닌 핵심 인재로 부각될 가능성이 높아진다.

《바보라도 연봉 1억 원을 받을 수 있다》의 저자 이토 요시유키Ito Yoshiyuki는 대학 시절 '얼라이브 주식회사'에서 아르바이트를 했다. 한데 그는 자신보다 한 살 많은 사장에게서 "너 같은 바보는 살 가치도 없어!"라는 말을 들을 정도로 업무 역량이 형편없었다. 당시 그는 언젠가는 수모를 갚아주겠다고 결심하고는 '성공의 끈'을 움켜쥘 자신만의 방법을 찾아 나섰다.

이토 요시유키는 매주 목요일을 '지금까지 하지 않은 일'을 하는 날로 정했다. 지금까지 하지 않은 일은 자신이 없거나 귀찮거나 힘든 일이자 반드시 해결해야 하는 일이기도 하다. 매주 목요일마다 미션을 클리어하다 보니 3개월, 1년, 5년 그렇게 시간이 지나며 주위 사람들의 평판이 달라졌다. 그 결과 인생의 새로운 기회를 맞을 수 있었다.

이토 요시유키가 매주 목요일에 그 일을 했다면 나는 토요일 새벽과 오전 시간을 활용했다. 이 시간에 독서 모임 북팟을 진행하면서 다른 사람들과 고민을 나누고, 북테라피를 통해 늘 하던 선택이 아닌 다른 선택을 하는 연습을 했다. 북팟에는 다양한 업종에 종사하는 사람들이 모이기 때문에 이곳에서는 많은 일이 진행된다. 때로는 새로운 비즈니스 아이디어를 얻기도 한다. 이는 이토 요시유키의 '목요일 하루의 전략'과 유사하다. 이처럼 일자리 굴을 위해 예전과 다른 삶을 살고 싶다면 일주일 중 하루는 다른 선택을 해보자. 딱 3주만 해보면 이전과는 달라진 일상을 느낄 수 있다.

교토삼굴의 마지막은 '재테크 굴'이다. 최근 대한민국은 너도나도 재테크에 올인하는 투기공화국이 되어버렸다. 특히 MZ세대들이 주식, 가상화폐, 부동산 등에 적극 투자하면서 재테크 시장의 새로운 주역으로 부상했다. 한창 현업에서 자신만의 전문성과 역량을 강화해야 할 이들이 왜 레버리지까지 일으켜가며 재테크에 열을 올리고 있을까?

그들이 살아갈 세상이 열심히 일하고 성실하게 돈을 모으면 집도 사고 남부럽지 않게 살 수 있는 환경이 아니기 때문이다. 사회생활을 시작한 후 10~15년만 열심히 일하면 의식주가 자연스럽게 해결되어야 하는데 현실은 정반대다. 일할수록 오히려 점점 더 가난해진다.

그렇다 해도 큰돈을 벌고 싶은 조바심은 위험하다. 이는 건강 굴과 일자리 굴까지 모두 날릴 수 있는 위험한 선택으로 이끈다. 긴 인생을 생각한다면 위험한 한 판의 게임이 아니라 안전하지만 확실하게 돈을 모으는 투자 방법을 실천하는 것이 중요하다.

우선은 노동을 통해 시드머니를 모으는 데 시간을 투자해야 한다. 이 시간은 각자 자신만의 투자 그릇을 만들어가는 과정이다. 자신에게 잘 맞는 투자 방법을 배우는 공부의 시간은 반드시 필요하다. 매달 150만 원씩 10년 동안 모은다면 1억 8,000만 원이라는 시드머니가 만들어진다. 그 돈을 모으는 동안 부동산, 주식, 채권 등 다양한 금융상품을 공부해두자.

빚을 내서 단기간에 큰 수익을 낸 사람들의 성공담에는 관심을 두지 않는 게 좋다. 그보다는 직장생활을 하면서 열심히 재테크 공부를 해 안정적으로 자신의 목표 수익률을 달성한 사람을 찾자. 그런 사람을 롤모델로 두고 그의 노하우를 배워야 한다. 그런 사람이 바로 '나만의 풍환'이 될 수 있다. 앞으로 딱 10년 동안 자신에게 맞는 재테크 굴을 준비해보자. 그렇게 하면 남은 30~70년 동안 그 자산이 복리로 불어나는 놀라운 경험을 할 수 있을 것이다.

코어리딩과 함께라면 건너지 못할 웅덩이가 없다

"나이는 시간과 함께 내달리고 뜻은 세월과 함께 사라지니 고목이 말라 떨어지면 비탄에 빠져 궁하게 살 것이다. 장차 어찌 돌이킬 수 있으리!"

이는 《계자서誡子書》의 한 대목이다. 《계자서》는 중국의 오래된 고서로 제갈량이 아들인 제갈첨에게 보낸 배움과 수신에 관한 편지이자 후대인들에게 주는 처세의 잠언이다. 86자 안에 자신이 살아오면서 깨우친 삶의 정수를 담아냈다. 이 글귀의 마지막 문장처럼 시간은 쏜살같이 흘러간다. 그러니 나이 들어 비탄에 빠지지 않으려면 지금부터라도 내 안의 풍환을 찾아야 한다. 나는 수많은 고서와 성공한 사람들의 잠언을 읽고 그것을 삶에 녹여내 실천해내는 코어리딩으로 '내 인생의 풍환'을 탄생시켰다.

맹자는 '불영과불행不盈科不行'이라 했다. 물이 흐르다 웅덩이를 만나면 그 웅덩이를 다 채운 다음에야 비로소 앞으로 나아간다는 뜻이다. 웅덩이는 시련 또는 역경을 상징한다. 그런데 한 가지 웅덩이를 채우고 다음 웅덩이로 흐르기 위해서는 코어리딩만큼 좋은 전략이 없다. 동서고금을 막론하고 귀감이 되는 이들이 자신만의 웅덩이를 채우기 위해 어떤 방법을 사용했으며, 어떻게 시행착오를 극복했는지 발견하는 툴이기 때문이다.

나는 "책과 함께라면 건너지 못할 웅덩이가 없다."라는 말을 굳게 믿고 있다. 삶의 큰 웅덩이에 빠져 허우적거릴 때는 바로 답을 얻어 내기 어렵다. 이때 책은 그 웅덩이에서 빠져나올 때 잡을 수 있는 끈이 된다. 그리고 때로는 그 웅덩이가 새로운 길로 가는 통로가 되기도 한다. 우리는 누구라도 역경에서 빠져나온 이들의 소중한 경험과 노하우를 코어리딩을 통해 만날 수 있다. 아직 피지 않은 꽃이라 해도 언젠가는 만개하게 마련이다. 이를 믿느냐 안 믿느냐는 자신에게 달려 있다. 나무가 흙 속에 깊은 뿌리를 내리듯이 코어리딩으로 인생에 깊은 뿌리를 내려 나만의 꽃을 피워보자.

코어리딩으로 경단녀에서 경영자로 성장하다

결혼 후 20년간 경력이 단절된 이른바 '경단녀'였던 정미영 씨47세. 전업주부로서의 삶과 교회 봉사활동 등으로 바쁜 일상을 보내면서도 늘 마음 한 켠은 남편의 사업 걱정으로 가득했다. 그녀의 남편은 가계부 앱에 지출 내역을 일일이 입력해도 매번 수입과 지출의 계산이 안 맞았고, 어느 모임에서도 총무 일을 맡아본 적이 없을 정도로 '정확함'이 부족했다. 미영 씨는 남편의 이런 면이 늘 안타까웠다. 그런 미영 씨와 상담을 하다가 남편의 일을 도와주면 어떻겠느냐는 조언을 해주었다.

"남편의 부족함은 아내가 채워주면 됩니다. 미영 씨는 정확한 계산과 섬세한 안내가 핵심 역량인 신차 장기렌트 리스 에이전시에 잘 맞을 것 같아요. 관련 공부를 하면서 남편 회사에서 일을 시작해보시면 어떨까요?"

"제가요? 집안일과 아이들 뒷바라지에 교회 봉사활동까지 지금 하는 일도 버거워요. 그리고 주부로만 20년을 살아온 제가 이제 와서 무슨 일을 할 수 있겠어요. 그것도 남편 회사에서…."

전혀 생각지 않았던 뜻밖의 조언이라 처음엔 거부감부터 느끼는 듯했다. 일을 하고 싶다는 생각을 해본 적이 없을뿐더러 남편 회사에서 일하는 것은 상상조차 해보지 않았다는 것이다.

하지만 "부부간에는 서로의 부족함을 채워줄 수 있다."는 내 말에는 공감하는 듯했다. 그녀의 고민의 시간은 길지 않았다. 얼마 안 돼 바로 CEO 수업을 들으며 자신이 구체적으로 어떤 부분을 도와야 할지 어렴풋하게나마 그림을 그리기 시작했다.

하지만 '아무것도 모르는 대표 사모'라는 꼬리표를 달고 생소한 분야에서 일하는 것은 결코 쉽지 않은 도전이었다. 특히 직원들과의 관계가 힘들었다. 소외감은 이루 말할 수 없었고 나중에는 사업의 핵심적인 노하우를 그대로 카피해서 나가는 직원도 있었다. 그런데 미영 씨는 오히려 그럴 때 더 강한 전투력을 느꼈다고 했다. 더 이상 직원들에게 의지하지 않고 처음부터 끝까지 스스로 해낼 수 있는 전문성을 갖추어야겠다는 결심을 한 것이다.

이후 자신에게 필요한 역량을 키워줄 코어리딩 과정에 본격적으로 임하게 되었다. 자기계발서를 코어리딩하면서 현재 자신에게 가장 필요한 '원씽'에 집중했고 '미라클 모닝일명 438모닝'을 실천했다.

그뿐 아니다. 경제 상황을 이해하기 위한 금융 공부도 하면서 금리에 민감한 업에 대한 이해와 카 마스터로서의 역량을 강화해나갔다. 각고의 노력 끝에 그녀를 신뢰하고 찾아주는 고객들이 하나둘 늘어나기 시작했다. 드디어 개업 이래 최고의 성과를 올렸다. 가장 많은 판매 대수와 매출을 달성하게 되었고 현재까지 유지 중이다.

나아가 리더십과 관계에 관한 책도 코어리딩했다. 불만 많고 문제만 일으키던 직원들을 자연스럽게 콘트롤하면서 서서히 직원들을 교체했다. 제대로 된 면접 및 인턴 시스템을 갖추고 업무교육도 체계화시켰다. 이렇게 미영 씨가 내부 경영을 도맡아 하는 동안 조직의 체계가 바로 잡혔다. 덕분에 남편은 회사의 미래 먹거리를 준비하는 시간까지 확보할 수 있었다.

가정주부에서 능력을 인정받는 핵심 인재로 단시간에 변신한 미영 씨. 자신의 삶은 코어리딩의 실천 이전과 이후로 나뉜다고 말한다. 업의 무지에서 비롯된 낮은 자존감 때문에 힘들었던 시기를 극복하고, 이제는 직원들이 어려운 상담 건을 들고 찾아와 조언을 구하는 전문가가 되었기 때문이다.

캐피탈 직원들과 협력관계를 쌓아서 쉽게 승인되지 않는 고객들의 신용 승인까지 받아냈으며, 카 마스터들이 수익을 낼 수 있도록 돕는 조력자가 되었다. 그녀는 현재의 성과를 바탕으로 새로운 퀀텀점프를 모색하는 중이다. "제 삶의 목적은 현숙한 아내가 되는 것입니다. 〈잠언〉 31장 17절에 '힘 있게 허리를 묶으며 자기의 팔을 강하게 하며'라는 말씀이 나오거든요. 제가 능력을 키우고 일을 해나가는 것은 그 말의 의미와 맞닿아 있습니다."

미영 씨는 이제 막연한 현모양처의 이상을 품지 않는다. 그 대신 현명하고 지혜롭게 남편의 업을 돕는 강한 아내가 되기 위해 지금도 열심히 코어리딩을 실천하고 있다.

부록

본 책 《부자의 뇌를 훔치는 코어리딩》을 실제 코어리딩하는 사례를 예제로 제시해본다.

프롤로그와 챕터 1의 첫 번째 꼭지를 읽으며 '문제해결을 위한 4단계 세부 프로세스'를 통한 코어리딩 과정을 적용해보았다. 질문을 통해 자신이 갖고 있는 문제가 무엇인지 명확히 인식한 후, 문제해결의 실마리가 되는 코어 워드를 찾는다. 코어 워드를 찾은 후에는 문제를 해결할 수 있는 코어 인사이트를 생각하고, 구체적이고 실행 가능한 아이디어와 플랜들을 찾는 것이다. 독자 여러분도 이 과정을 실제로 해보면서 일상 혹은 업무에서 직면하는 문제들에 적용해보길 바란다.

프롤로그

코어리딩, 부와 운을 끌어당기는 최강의 전략

2013년 10월 〈인생의 차이를 만드는 독서법〉이 출간된 지 10년이 되었고, 많은 이들의 성원 덕분에 30쇄를 찍었다. 이 책이 초판 1~2쇄로 끝나지 않고 오랜 기간 살아남은 이유는 무엇일까?

'본세계관 핵심을 제대로 보고르 것, 그것을 나의 언어로 표현 재생산하여 재도크해볼 것, 내 삶에 적용하는 제별로스 것을 기본 개념으로 한다. 책을 읽었는데도 어전히 삶에 아무 변화가 없다면 책을 제대로 읽지 못했거나, 읽는 것으로만 끝났기 때문이다. 이러한 독서의 폐해를 해결하고자 하는 본세계를 강조했다.

책이 수준이 딸린 것을 보면 '제대로 해 읽는 법'에 대한 니즈가 많았던 모양이다. 많은 독자들이 〈인생의 차이를 만드는 독서법〉을 예리했던 도움을 받았다는 피드백을 주었다. 하지만 한 가지 못한 아쉬움으로 남았던 내게 아쉬움으로 남았다. 책 읽는 습...

[오른쪽 단]

관을 들이기 어려운 이들에게 책을 읽으니 할 방법은 없을까? 바쁜 작장 인들은 하루 시간 안에 책을 읽고 필요한 내용을 찾으로록 도움을 줄 수는 없을까? 책을 읽는 능력이 이제해 부족하다고 느껴진 문제들을 한 포인트를 찾을 수는 없을까? 이러한 인생을 사는 능력으로 연결하는 방법을 찾아본다.

2007년 개인의 차이의 아픔을 겪은 이후 나에게 책 읽기는 인생 전환의 계기가 되었다. 만일 책 읽기를 통해 잘못 찾지 않았다면 분명 오늘의 나는 전과 다른 삶을 살고 있었을 것이다. 당시 나는 스스로에게 이런 질문을 던지곤 했다. '이렇게 읽는 것 상황에서 내 대체 내게 어떤 의미인가?' 설계에 대한 답을 생각해보니 깨달아왔던 함께 삶은 버텨낸 내게 힘을 주는 에너지원이었다.

책을 읽는다는 것은 단순히 글자를 해독하는 의미 이상이었다. 그 안에 담긴 다양한 메시지와 생각을 읽는다는 의미이기도 하다. 당시 이 책을 바꾼 전과 새로운 세상으로 향하게 해주는 통로였으며 이를 인생을 바꾸다...

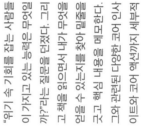

"위기 속 기회를 잡는 사람들이 가지고 있는 능력은 무엇일까?"라는 질문을 던졌다. 그리고 책을 읽으면서 내가 무엇을 얻을 수 있는지를 찾아 밑줄을 긋고 핵심 내용을 메모한다. 그와 관련된 다양한 코어 인사이트와 코어 액션까지 세부적이고 구체적으로 세분해본다.

C. Q [CORE QUESTION] 기회를 잡는 사람들이 가지고 있는 능력은? : 자신의 INNER Frame

Core-word
- 스스로 하는 거짓

Core-insight
→ 세상 보는 frame 던지기 가져서
왕관을 쓴 Viewpoint 빵
→ 각자 10년 이후의 나(블루프린트 시그램)을 상상하며 설계함 된 사건에다.

Core-action
모1. 사이즈의 출발점은,
모2. Dip 아내ss
평소에(준)에 예측 움직이지가
도3. 덕각 번씩 이기에서 비 원어가르

→ Dip or CURRAC <등업>
→ INNER Frame

내가 해결해야 할 문제를 적고 핵심적인 부분, 즉 문제 해결의 실마리가 담긴 부분에 밑줄을 긋고 코어 워드와 주요 내용 등을 메모한다.

현대인은 왜 읽는 법부터

제대로 알아야 할까?

"현재도 순식간에 지나가므로 과거나 미래와 연결 짓지 않고는 아무 생각도 할 수가 없다." 영국 시인 새무얼 존슨Samuel Johnson의 이야기다. 찰나의 순간들이 모여 시간을 이루고, 그 연결된 시간들이 바로 우리의 삶이 된다. 때문에 현재도 인제나 과거에서 비롯되고 미래 역시 과거 그리고 현재가 연결되어 발생한다. 마치 연쇄 고리가 연결되어 맞물려가는 것처럼 말이다.

쇠사슬을 연결했을 결국 서로 맞닿는 것을 우리는 이미 알고 있다. 하지만 어떤 쇠줄을 어떻게 연결해야 우리에게 선이 닿을지 있는 사람은 별로 없다. 그 연결 방법을 아는 것은 매우 중요하다. 이처럼 예술은 파악하고 예리한 연결성이 위해서는 읽는 법부터 제대로 알아야 한다. 읽어도, 읽어도, 인생이든 그 무엇이든 전체 없다.

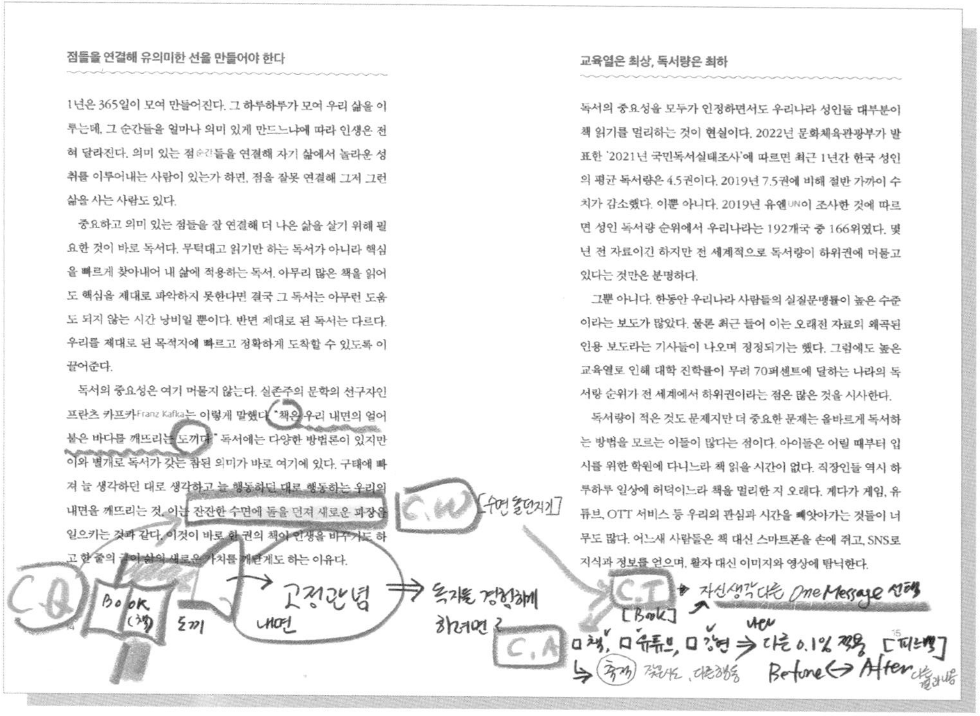

점들을 연결해 유의미한 선을 만들어야 한다

1년은 365일이 모여 만들어진다. 그 하루하루가 모여 우리 삶을 이루는데, 그 순간들을 얼마나 의미 있게 만드느냐에 따라 인생은 전혀 달라진다. 의미 있는 점순간들을 연결해 자기 삶에서 놀라운 성취를 이루어내는 사람이 있는가 하면, 점을 잘못 연결해 그저 그런 삶을 사는 사람도 있다.

중요하고 의미 있는 점들을 잘 연결해 더 나은 삶을 살기 위해 필요한 것이 바로 독서다. 무턱대고 읽기만 하는 독서가 아니라 핵심을 빠르게 찾아내어 내 삶에 적용하는 독서. 아무리 많은 책을 읽어도 핵심을 제대로 파악하지 못한다면 결국 그 독서는 아무런 도움도 되지 않는 시간 낭비일 뿐이다. 반면 제대로 된 독서는 다르다. 우리를 제대로 된 목적지에 빠르고 정확하게 도착할 수 있도록 이끌어준다.

독서의 중요성은 여기 머물지 않는다. 실존주의 문학의 선구자인 프란츠 카프카Franz Kafka는 이렇게 말했다. "책은 우리 내면의 얼어붙은 바다를 깨뜨리는 도끼다." 독서에는 다양한 방법론이 있지만 이와 별개로 독서가 갖는 참된 의미가 바로 여기에 있다. 구태에 빠져 늘 생각하던 대로 생각하고 늘 행동하던 대로 행동하는 우리의 내면을 깨뜨리는 것. 이는 잔잔한 수면에 돌을 던져 새로운 파장을 일으키는 것과 같다. 이것이 바로 한 권의 책이 인생을 바꾸기도 하고 한 줄의 글이 삶의 새로운 가치를 깨닫게도 하는 이유다.

교육열은 최상, 독서량은 최하

독서의 중요성을 모두가 인정하면서도 우리나라 성인들 대부분이 책 읽기를 멀리하는 것이 현실이다. 2022년 문화체육관광부가 발표한 '2021년 국민독서실태조사'에 따르면 최근 1년간 한국 성인의 평균 독서량은 4.5권이다. 2019년 7.5권에 비해 절반 가까이 수치가 감소했다. 이뿐 아니다. 2019년 유엔UN이 조사한 것에 따르면 성인 독서량 순위에서 우리나라는 192개국 중 166위였다. 몇 년 전 자료이긴 하지만 전 세계적으로 독서량이 하위권에 머물고 있다는 것만은 분명하다.

그뿐 아니다. 한동안 우리나라 사람들의 실질문맹률이 높은 수준이라는 보도가 많았다. 물론 최근 들어 이는 오래전 자료의 왜곡된 인용 보도라는 기사들이 나오며 정정되기는 했다. 그럼에도 높은 교육열로 인해 대학 진학률이 무려 70퍼센트에 달하는 나라의 독서량 순위가 전 세계에서 하위권이라는 점은 많은 것을 시사한다.

독서량이 적은 것도 문제지만 더 중요한 문제는 올바르게 독서하는 방법을 모르는 이들이 많다는 점이다. 아이들은 어릴 때부터 입시를 위한 학원에 다니느라 책 읽을 시간이 없다. 직장인들 역시 하루하루 일상에 허덕이느라 책을 멀리한 지 오래다. 게다가 게임, 유튜브, OTT 서비스 등 우리의 관심과 시간을 빼앗아가는 것들이 너무도 많다. 어느새 사람들은 책 대신 스마트폰을 손에 쥐고, SNS로 지식과 정보를 얻으며, 활자 대신 이미지와 영상에 탐닉한다.

'책이 고정관념을 깨는 도끼가 될 수 있음을 독자들에게 어떻게 경험시킬 수 있을까?'라는 핵심 질문에서 시작해 책을 통해 도출한 솔루션, 나만의 아이디어들을 메모한다.

코어 인사이트를 찾아 작성하다 보면 정답만 찾는 얕바감에서 벗어날 수 있다. 남들이 정해놓은 정답이 아닌 나만의 해법을 찾는 과정에서 고의 사고의 틀이 확장되고 창의성이 발휘하게 된다.

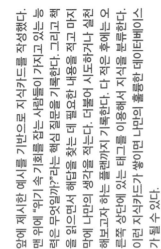

앞에 제시한 예시를 기반으로 지식카드를 작성했다. 맨 위에 "위기 속 기회를 잡는 사람들이 가지고 있는 능력은 무엇일까?"라는 핵심 질문을 기록한다. 그리고 책을 읽으면서 해답을 찾는 데 필요한 내용을 적고 마지막에 나만의 생각을 적는다. 더불어 시도하거나 실천해보고자 하는 플랜까지 기록한다. 다 적은 후에는 오른쪽 상단에 있는 태그를 이용해서 지식을 분류한다. 이런 지식카드가 쌓이면 나만의 훌륭한 데이터베이스가 될 수 있다.

돈과 운을 불러들이는 한 줄 독서 혁명의 기적
부자의 뇌를 훔치는 코어리딩

초판 1쇄 인쇄 2023년 4월 5일
초판 1쇄 발행 2023년 4월 15일

지은이 박상배
펴낸이 이승현

기획팀 오유미
디자인 김태수

펴낸곳 ㈜위즈덤하우스   **출판등록** 2000년 5월 23일 제13-1071호
주소 서울특별시 마포구 양화로 19 합정오피스빌딩 17층
전화 02) 2179-5600   **홈페이지** www.wisdomhouse.co.kr

ⓒ 박상배, 2023

ISBN 979-11-6812-613-8 03320